生きるのがつらいときに読む
ブッダの言葉

浄土真宗 僧侶
光澤裕顕

はじめに

はじめまして。お坊さんマンガ家の光澤裕顕《みつざわひろあき》と申します。

本書をお手に取ってくださり、ありがとうございます。

私は浄土真宗の僧侶としての活動の傍ら、マンガ家としても作品も発表しており、仏道とマンガ道の2つの道を歩んでおります。どちらも厳しい世界で研鑽《けんさん》の毎日です。

この度、仏教の考え方を、マンガやイラストを交えて一般の方々に知っていただく機会を得て、私がいただいた仏法と画法のご縁がここに実を結ぶこととなりました。

さて、この本を手に取られたあなたは今、生きていくうえで何らかの「生きづらさ」を抱えているのではないでしょうか。その生きづらさ＝苦しみを、仏教ではどのようにとらえているのか、簡単にご説明しましょう。

仏教では、世界は次の6つに分けられていると考えました。

地獄道／餓鬼道／畜生道／修羅道／人道／天道

このうち、「人道」というのが私たちの住む世界です。

私たちは死後、生前の行いによって、この6つの世界（六道）の中で永遠に生死を繰り返します。これらの世界はいずれも「迷い」の世界と言われており、そこで生きる者には必ず〝苦しみ〟が伴います。

もちろん、人の世界も例外ではありません。

では、私たちが生きる世界の〝苦しみ〟とは何でしょうか？

一言で言えば、「心の悩み（＝煩《わずら》い）」でしょう。

人はたとえ衣食住に恵まれていても、常にあれこれと思い悩んで不安にかられる存在です。

とくに現代社会では、人間関係の複雑さから、メンタルをうまくコントロールすることが求められています。実際、私たちが日常生活の中で感じる息苦しさのほとんどは、他者との間で生じる精神的な問題でしょう。

最近では、仕事やプライベートの人間関係を悪化させて、心を病んでしまう人も増えているようです。

そうした意味では、心の苦しさを少しでも和らげることは、今の時代を生きる私たちにとって非常に重要で緊急な課題なのです。

ところで、先ほど挙げた6つの世界の中で、「人道」にのみ〝希望〟があるとされています。

なぜでしょうか？

それは、人の世界には苦しみのスパイラルから抜け出す鍵、仏教があるからです。

仏教の教えのルーツと言えば、みなさんもご存じのように「ブッダ」です。

ブッダの言葉は、約2500年前から、物事がうまくいかなくなった人たちの心の支えとなってきました。そこで本書では、ブッダが語ったとされる言葉の中からとくにわかりやすいものを選び、現代人の「悩み」に応じる形で紹介しようと試みました。

実践……と言うと少し大げさですが、イヤなことに出くわしたときに、知っていれば支えになる言葉を備えることで、「日常使いできる仏教」というものが実感できるようになっています。

当然ですが、ブッダの言葉に「SNSのトラブルに関する解決策」はありません。

しかし、問題の本質を掘り下げれば、その背景には現代を生きる私たちが悩みに向き合うためのヒントが必ず存在しています。そのヒントをどのような形でみなさんにお伝えすれば良いのか、いろいろと考えました。

仏教の世界の「先輩」方は、ブッダの教えを人々に伝えるために、さまざまな工夫を凝らしてきました。人と直接向き合って説く場合もあれば、物語や詩、歌など、時代ごとにさまざまな方法がとられてきました。最近ではユーチューブを駆使しているお坊さんもいます。

私は小さい頃から絵やマンガが大好きで、お坊さんよりもマンガ家にあこがれていました。

そのため、大学で専門的に絵を学び、絵に没頭する青春時代を過ごしました。そうした経緯もあり、自分なりの表現方法として、ペンを使って仏教の教えを広める活動をしています。

そこで本書では、マンガ（イラスト）によって仏教の思想を表現することにしました。

マンガには、導き役として唯と猫師が登場します。

等身大の悩める若いお坊さんの唯は、僧侶と一般人の間を行ったり来たりしながら、何とか前に進もうと頑張ります。

そんな唯の師匠が猫師です。実は、猫はお寺と非常に縁が深い生き物です。真偽の程は定かではありませんが、大事なお経や書物をネズミから守るために、お寺で飼われるようになったという話を聞いたことがあります。そんなエピソードから、仏教を守る存在として猫が思い浮かび、そこに恩師の姿を重ねて、猫師が生まれました。

実際に読者の方々と対面することは叶わないので、この2人（1人と1匹？）を通して、苦しんでいる人と一緒に悩み、話し合うようにして物語をつくっていきました。

普段、仏教やお坊さんと縁遠い人であっても、仏教の教えそのものは、必ず心に響くと確信しています。

とはいえ、難しい話はちょっと脇に置いておきましょう。

まずは生きづらい時代を生き抜くために、本書がみなさんと仏教との橋渡し役になれば、著者としてこれ以上にうれしいことはありません。

僧侶　光澤裕顕

目次

はじめに 2

速習 10分で何となくわかるブッダの生涯 13

第1章 他人のSNS投稿が気になる（三毒）

マンガ 第1話 もっと注目されたい！ 20

解説 SNSに潜む3つの毒の正体を知ろう 38
悪口は発言した本人の心も傷つける 39
私たちの心をむしばむ3つの「毒」 40
貪欲――「いいね！」はお布施である 42
瞋恚――怒りの言葉は相手を殴るのと同じ 45
愚痴――「自分の国」に閉じこもる怖さ 47

SNS出家のすすめ 49
まとめ 49
コラム 心をまっすぐにする　ブッダの言葉①
自分の栄養になるならつらいことも楽しい 52

第2章 職場の人間関係がつらすぎる（善き友）

マンガ 第2話　先輩の誘いを断れない！ 54
解説 つらい人間関係は「距離感」を調節せよ 70
人間関係のイザコザは2500年前も 71
本当に必要なのは「気が合わない人」？ 72
ブッダの示した「卑しさ」とは？ 74
自分の基準が正しいと信じる怖さ 77
身分は前世での行いによって決まる？ 79
人は「行為」によってつくられる 80

イヤな相手と距離を置く 81
悪い行為・卑しい行動には近づかない 82
自分自身を犠牲にしない 85
まとめ 86

コラム 心をまっすぐにする ブッダの言葉②
どれだけ悩んでも思うようにはならない 88

第3章 努力が全然認められない（八正道）

マンガ 第3話 努力が評価されない！ 90

解説 努力の方向性を見直してみる 106
なぜ社会では「結果」が重視されるのか 107
仏教における「努力」の目的 107
続けられるのは「信じられる」から 109
ブッダを誘惑した悪魔の正体 111

ブッダが示した4つの真理 113
「目標」に向かう手段を疑ってみる 115
設定したゴールは本当に正しいのか？ 116
報われなかった努力はどこに行く？ 117
まとめ 118

コラム 心をまっすぐにする ブッダの言葉③
まっすぐ自分の足元だけを見つめよう 120

第4章 「運命の人」に出会えない（縁）

マンガ 第4話 私、ずっと1人なの？ 122

解説 良縁を望む前に「心のメモリー」を知ろう 138
縁とは「ビリヤード」である!? 139
苦しみは私たちの内側からやってくる 140
ブッダは恋愛に否定的だった!? 142

恋愛は心のメモリーを消費する 144
無理に良縁を引き寄せる必要はない 144
「ご縁」とのつきあい方 146
まとめ 148

第5章 「自分らしさ」がわからない（諸法無我）

マンガ 第5話 「本当の自分」はどこにいる？ 150
解説 自分に対するこだわりは捨ててしまおう 166
「自分らしさ」を要求されるプレッシャー 166
インドで「本当の自分」は見つかるか？ 168
諸行無常と諸法無我 170
絶対に変わらない自分なんてない!? 171
ここにいる〝私〟とは？ 172
悩みの原因は自分に対する執着 172
まとめ 174

第6章
死ぬのが怖い（生老病死）

マンガ 第6話 死んだ後はどうなるの？ 178

解説
避けられない「死」に向かって生きる 198
心の底にはりつく「死」の恐怖 199
大切なものを失ってしまう恐怖 200
なぜ私たちは「死」を嫌うのか 201
欲望から自由になる涅槃の境地 203
ブッダが答えなかった問い 205
ブッダが愛弟子に遺した言葉 206
「死」は本当に終わりなのか？ 208

まとめ 209

おわりに 212

本書でご紹介しているブッダの言葉は、以下の書籍から引用いたしました。

『ブッダのことば――スッタニパータ』中村元訳（岩波文庫）
『ブッダの真理のことば・感興のことば』中村元訳（岩波文庫）
『ブッダ神々との対話　サンユッタ・ニカーヤI』　中村元訳（岩波文庫）
『ブッダ最後の旅　大パリニッバーナ経』中村元訳（岩波文庫）
『ブッダ伝　生涯と思想』　中村元（角川ソフィア文庫）

なお、本書における仏典の解釈はあくまでも筆者個人のものです。宗派や個人によって異なる場合がございますので、あらかじめご了承ください。

速習
10分で何となくわかるブッダの生涯

ブッダ＝真理に目覚めた人

今日、私たちが「ブッダ」と呼んでいる人物については、たくさんの伝説や逸話が残っています。なかには史実として不確かな部分や、現実に起きたとは思えない内容も含まれていますが、それはブッダの偉大さを表現するための１つの手段なのでしょう。非現実的なエピソードがいくつも残っているということは、ブッダがいかに大きな存在であったかを物語っているのです。

ブッダの生まれた年代について、正確なところはわかっていません。有力なのは紀元前5世紀頃という説で、現在のインドとネパールの国境付近にあった小国の王子として誕生したと言われています。

本名を「ゴータマ・シッダールタ」と言い、後に悟りをひらき「ブッダ」と呼ばれるようになりました。

ちなみに「ブッダ」とは、固有名詞ではなく、「真理に目覚めた人」という意味です。感覚的には「先生」や「師匠」と呼ぶことに近いですね。

私たちはブッダのことを「お釈迦《しゃか》さま」や「釈迦《しゃか》」と呼びますが、これは釈迦族出身の真理に目覚めた尊い人という「シャーキャ・ムニ・ブッダ」が、中国で「釈《しゃ》迦《か》牟《む》尼《に》仏《ぶっ》陀《だ》」と音訳されて伝わっているからです。ちなみに「仏」は「ブッダ」の音訳である「仏陀」を短くしたものです。

○生まれた直後に「天上天下唯我独尊」

ブッダの誕生時のエピソードは非常に有名ですね。

ブッダは母親のマーヤーが出産のために帰省している道中、ルンビニー園という花園で生まれました。

伝説によると、生まれてすぐに7歩歩み、右手で天を、左手で地を指して「天上天下唯我独尊《てんじょうてんげゆいがどくそん》」と高らかに叫んだと言われています。

「天上天下唯我独尊」とは「ただ我、独りにして尊い」という意味で、時代やお坊さんによってさまざまに解釈されています。文字通り、「私（ブッダ）が唯一無二にして尊い」と解釈される場合もあれば、「命あるものすべてが唯一無二であり、尊い」と説明される場合もあります。

ゴータマは未来の王として将来を期待され、立派な宮殿の中で、たくさんの従者と豪華な服に囲まれ、何不自由ない生活を送っていました。ヤショーダラという名の姫を妃に迎え、29歳のときには子どもも誕生しています。

私たちにとっては夢のような生活ですが、ゴータマはいつもどこか浮かない様子で物思いにふけってばかり……。

そこで、心配した父王のすすめで城の外に出かけることとなりました。これが、出家を決心するきっかけとなるのです。

○妻子を捨てて出家の道を選ぶ

ゴータマが城の東門から出るとき、痩《や》せ衰えた老人に出くわしました。それまで年老いた人を見たことがなかったゴータマは、自分もこのような姿になるのかと嘆き、城に戻ってしまいます。

次に南門から出ると、病気で苦しんでいる人と出会いました。それまで病で苦しむ人を見たことがなかったゴータマは、自分もこのような姿になるのかと嘆き、やはり城に戻ってし

まいました。

次に西門から出ると、今度は死者と出くわし、これまで同じように嘆き、城に戻って行きました。

最後に、北門から出ると、そこで1人の出家者に出会いました。その出家者の清らかで安らかな姿にゴータマは感銘を受け、苦悩の根本からの解放を求める道を志したとされています。

そしてゴータマは、29歳のときに、ついに地位も妻子も捨てて出家することを決意するのでした。

○悪魔の誘惑にも負けず……

出家したゴータマは、6年間厳しい修行に励みました。

しかし、いくら激しい苦行を積んでも、一時的に心が静かになるだけで、苦しみの根本からの解放に至ることはできません。

心身ともに疲弊したゴータマは、「苦と楽のどちらに偏ってもいけない」と気付き、弱った体で何とか立ち上がりました。そして、たまたま通りかかった娘スジャータから乳粥《ちちがゆ》を恵んでもらい、衰えた体力を回復させると、菩提樹《ぼだいじゅ》のもとで瞑想に励むようになったの

です。

ところが、瞑想をしているゴータマのもとを度々訪れる者がいました。マーラ（悪魔）です。マーラはゴータマを誘惑し、さまざまな手段で修行を妨害しますが、ゴータマはこれを退けました。

そして、瞑想を始めてから7日目、ついに悟りをひらき、「ブッダ」となったのです。

神の説得で教えを説き始める

悟りをひらいたブッダですが、教えを人に伝えることには消極的でした。到達した真理を人に話したところで、きっと誰も理解してくれないだろうと考えていたのです。

これに驚いたのはインドの神さま〝梵天〟です。せっかく真理に目覚めた人が現れたのに、このままではその真理が誰にも伝わらず、人間はずっと悩んだままです。

梵天は「必ず理解できる人がいるから、どうか真理を伝えてほしい」とブッダに必死に頼み込みました。その甲斐あって、ブッダは教えを広める決心をしたのです。もし梵天の説得がなかったら、仏教は誕生していなかったかもしれません。

ブッダはまず、かつて一緒に修行した5人の仲間に真理を伝えようと出かけていきました。彼らはブッダのことを「苦行を捨てた堕落者」と決めつけ、相手にせずに無視しようと申し合わせました。しかし、ブッダの姿を一目見ると、その気高さに圧倒され、頭が自然に下がり、そのまま説法に聞き入りました。

これがブッダの最初の説法だと言われています。以降、ブッダは45年にわたり、インドをあちこち移動しながら教えを伝えることになります。

行く先々で多くの人々がブッダの教えに感銘を受けた結果、教団は次第に大きくなっていきました。

○遺骨は弟子たちの手でインド全土に

80歳を迎えたブッダは、自らの死期を予感し、故郷を目指して旅に出ました。ところが、旅の途中、力尽きてクシナガラ（現在のインド北部）の沙羅双樹のもとで死を迎えます。

ブッダの最期は、ただ生命の終わりを意味するわけではありません。悟りを得た者が苦悩の世界から脱することを意味しているのです。

なお、ブッダの死後、遺体は信者によって火葬され、遺骨がインド各地に分配されました。その遺骨はストゥーパ※に納められ、今日でも崇拝の対象となっています。

一方、弟子たちは、ブッダの言葉が消滅しないように記録を残しました。それが脈々と受け継がれ、現代にまで伝わっているのです。

※ **ストゥーパ**…仏塔。ブッダの遺骨を祀るために建てられた建築物。「卒塔婆（そとば）」は「ストゥーパ」を音訳したもの。

第1章

他人のSNS投稿が気になる（三毒）

第1話
もっと注目されたい！
私が覚えている一番古い記憶は大きな本堂と
いつもニコニコしている仏さまだった
お寺は私にとっての原風景だ
外国を飛びまわっている両親の代わりに
よしよし
おじぃ
住職だったおじいちゃんが私の面倒を見てくれていた
そのおじいちゃんが逝ってしまった
大丈夫かしら？
後継者がいないみたいなのよ
ヒソ
ヒソ

だから
私にとって
「その決断」は
自然なものだった
祖父の死後
私は
決意した——
住職装束
檀家
ガラ
バサッ
私の
名前は唯
今日から
この護経寺を継いで
お坊さんになります

さて
お坊さんの
日常だが
護経寺
これが
なかなか忙しい
1
朝起きたら
鐘を撞《つ》き
2
すぐに
朝のお勤め
ナムアミダブツ
ナムアミダブツ
3
境内の
お掃除もして
4
お檀家参り……
これが毎日の
日課です

カシャ
カシャ
また撮ってる…
唯ちゃん こんにちは 無理してない？
あ また フォロワーが 増えてるわ ふふふふ
この人は花子さん 護経寺のお檀家で 最近インスタグラムに 夢中です
1,527 投稿
1,893 フォロワー
1,72 フォロー
Hanako
着物女子の日常
そうだ一緒に 撮りましょ
ほら いくわよ
エッ でも…

パシャ!!
よし!
じゃ
これインスタに
アップするわね
新規投稿
エッ
はい…
見られると思うと
何だか
気恥ずかしい
ですね
そのうち
慣れるものよ
しかし
これが
「大きな事件」に
発展するのです…

すごーい
昼間アップした写真に「いいね！」がたくさんついてる
コメントも増えてきたわ
あれ…
ちょっと何これ
hiro 左の子可愛い
taka 尼さんかわゆす
fumiya 左の子もっと
yuuki 唯ちゃん！
唯ちゃんのことばかりじゃない
クッ…新しい写真アップしよ
カシャ！

Hanako
Hanako 日本茶でほっこりタイム
ソワソワ…
ピロン
きた
何なのよ…
ken 唯ちゃんみた
akito Hanako不要
taka 必死乙唯はよ
aki 美人すぎる僧侶爆誕
唯ちゃん
ユイ
唯
唯〜
唯ちゃん♡
唯様
プル
プル
みんな私のファンだったのに…
ムムムムム！

う〜ん
gokyozi
20 投稿
12 フォロワー
31
ハア——…
花子さん写真上手だったな〜
あっコメントがきてるわ
エッ…
kaka 売名乙
yuu 生臭坊主ww
abc それより税金払えよ
tomi 坊主丸儲け
tao てか坊さん不要
kose オワコン
何コレ!?
嫌がらせ!?

無視無視
相手にしない
つきあっても
調子に乗る
だけよ
パッ
パッ
ピロリーン
ピロリーン
ピロリーン
あー
もうっ！
やがて私に対する
個人攻撃はさらに
激しくなり…

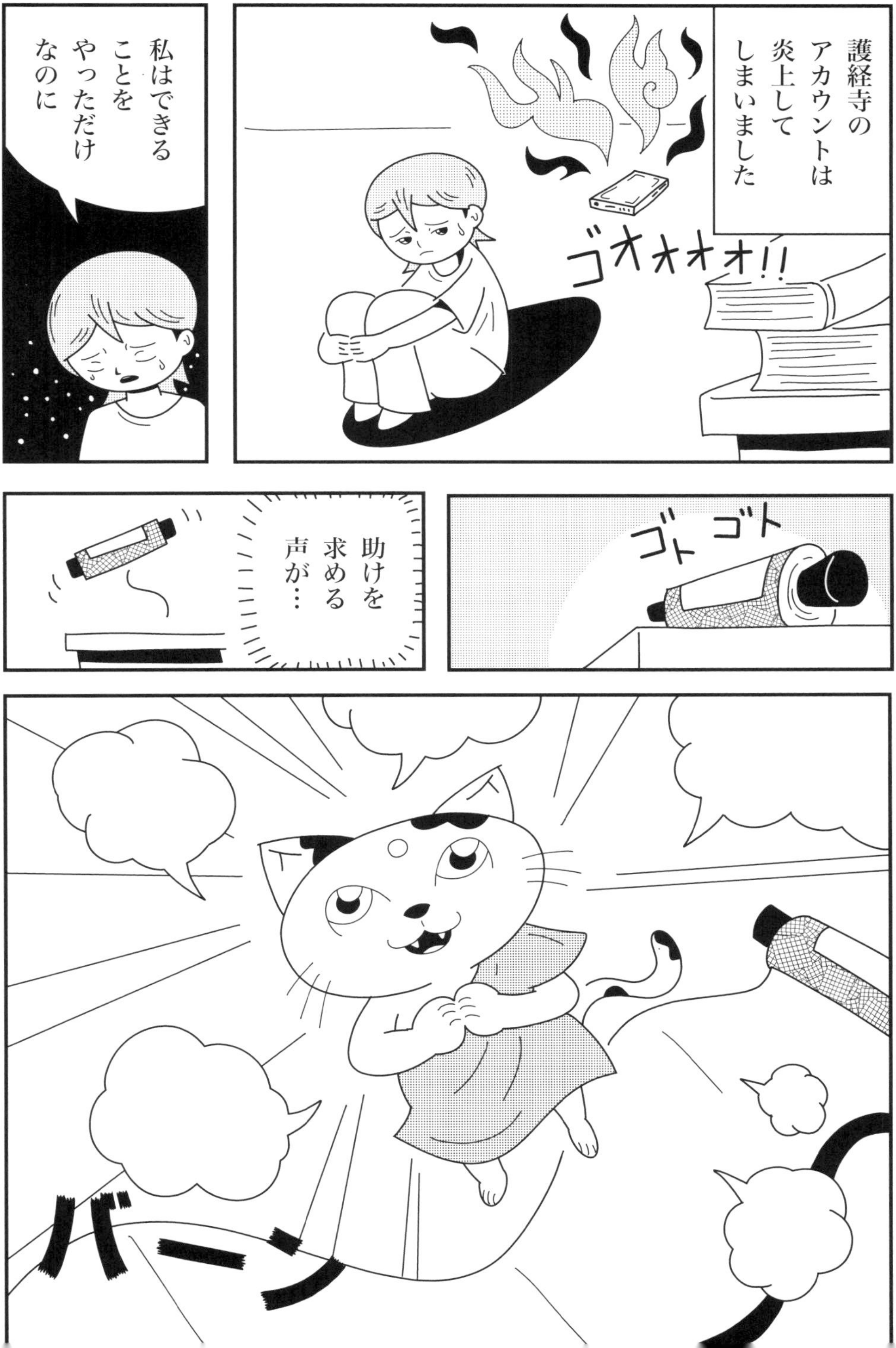
護経寺のアカウントは炎上してしまいました
ゴオォオオ!!
私はできることをやっただけなのに
ゴトゴト
助けを求める声が…
バーン

猫が…立ってる!
ワシはこの寺を守る猫坊主ニャ お前が新しい住職か?
猫? 坊主?
そう言えば昔 おじいちゃんが…
この寺にはこの寺の住職にしか見えない不思議な猫がいるんだよ
何とブッダの直弟子だと言っているんじゃ
いつか唯ちゃんにも見えるかもしれないね
あの話は本当だったんだ…
ニャー
どうして泣いていたのだ?
インスタに私を非難するコメントが…
お願い助けて!

なるほどにゃ
フム フム
身に覚えのない誹謗中傷に悩んでいると
匿名だからって面白半分でやってるんだろうけど
好き勝手書くなんて許せない！
怒りの感情に支配された人間がどうなるか
仏教入門
真実を見せてやるニャ
ニャン通力！
ピカー!!
ハワッ!?
仏さまの眉間の丸は白毫《びゃくごう》と言って
光を放つことができると言われています

何よ みんな 唯ちゃん 唯ちゃんって
花子さん…
インスタは 私の居場所 だったのに
それを 奪われるなんて!!
私なんて 他に 取り柄も ないんだから
そりゃ あの子は カワイイわよ でも だからって そんな あからさまに
このままじゃ すまないわよ
あの子が 調子に 乗らないように 教えてあげないと

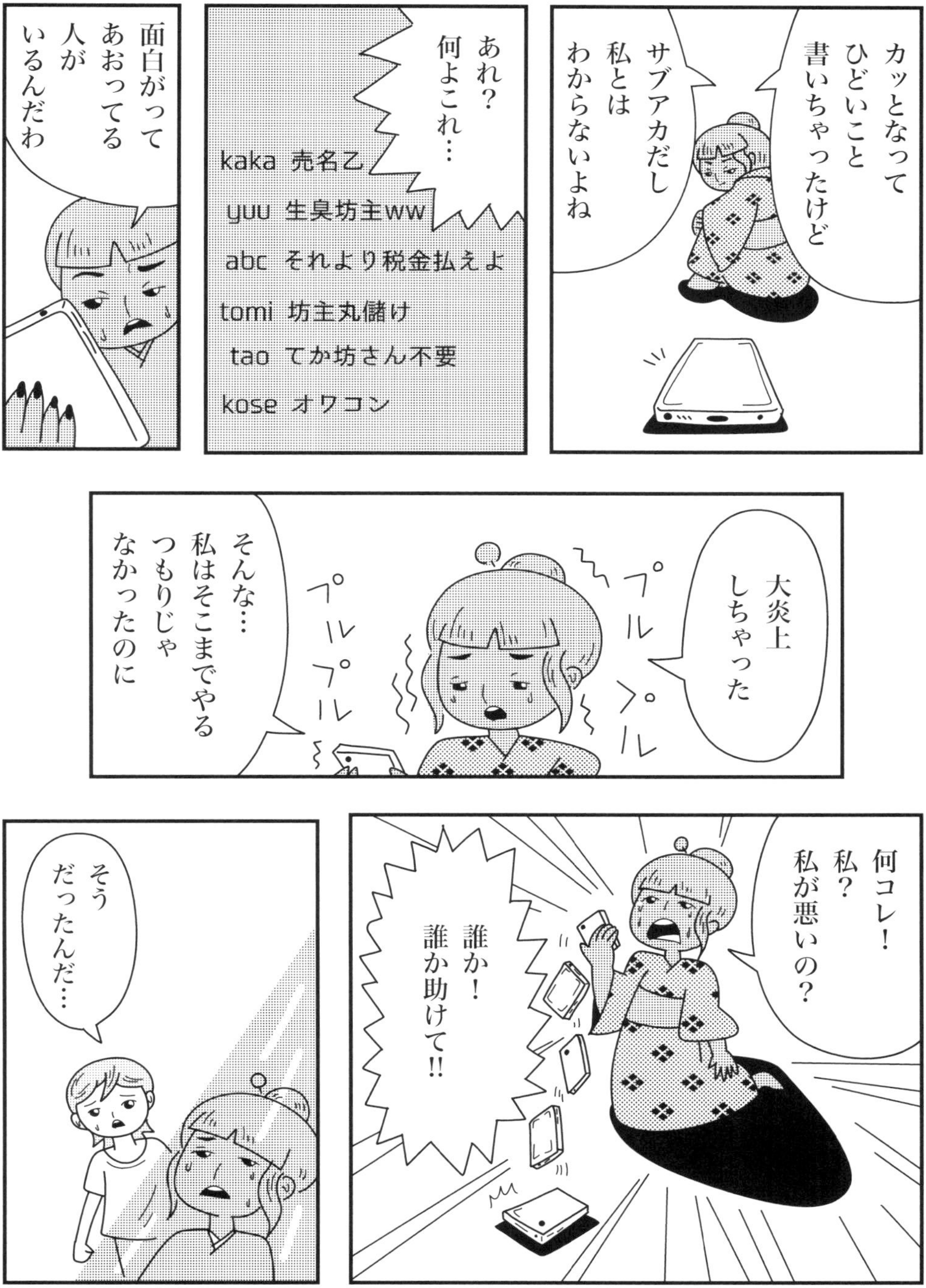

カッとなってひどいこと書いちゃったけど
サブアカだし私とはわからないよね
あれ？何よこれ…
kaka 売名乙
yuu 生臭坊主ww
abc それより税金払えよ
tomi 坊主丸儲け
tao てか坊さん不要
kose オワコン
面白がってあおってる人がいるんだわ
大炎上しちゃった
プルプル
プルプル
そんな…私はそこまでやるつもりじゃなかったのに
何コレ！私？私が悪いの？
誰か！誰か助けて!!
そうだったんだ…

「人が生まれたときには実に口の中には斧《おの》が生じている。愚者は悪口を言ってその斧によって自分を斬り割くのである」
これはブッダというワシの師匠の言葉だニャ
彼女も苦しいのはわかったわ
ぐっ…!
でも
私の気持ちはどこにぶつけたらいいの?
そう簡単には割り切れない
ブッダはこうも言っているニャ

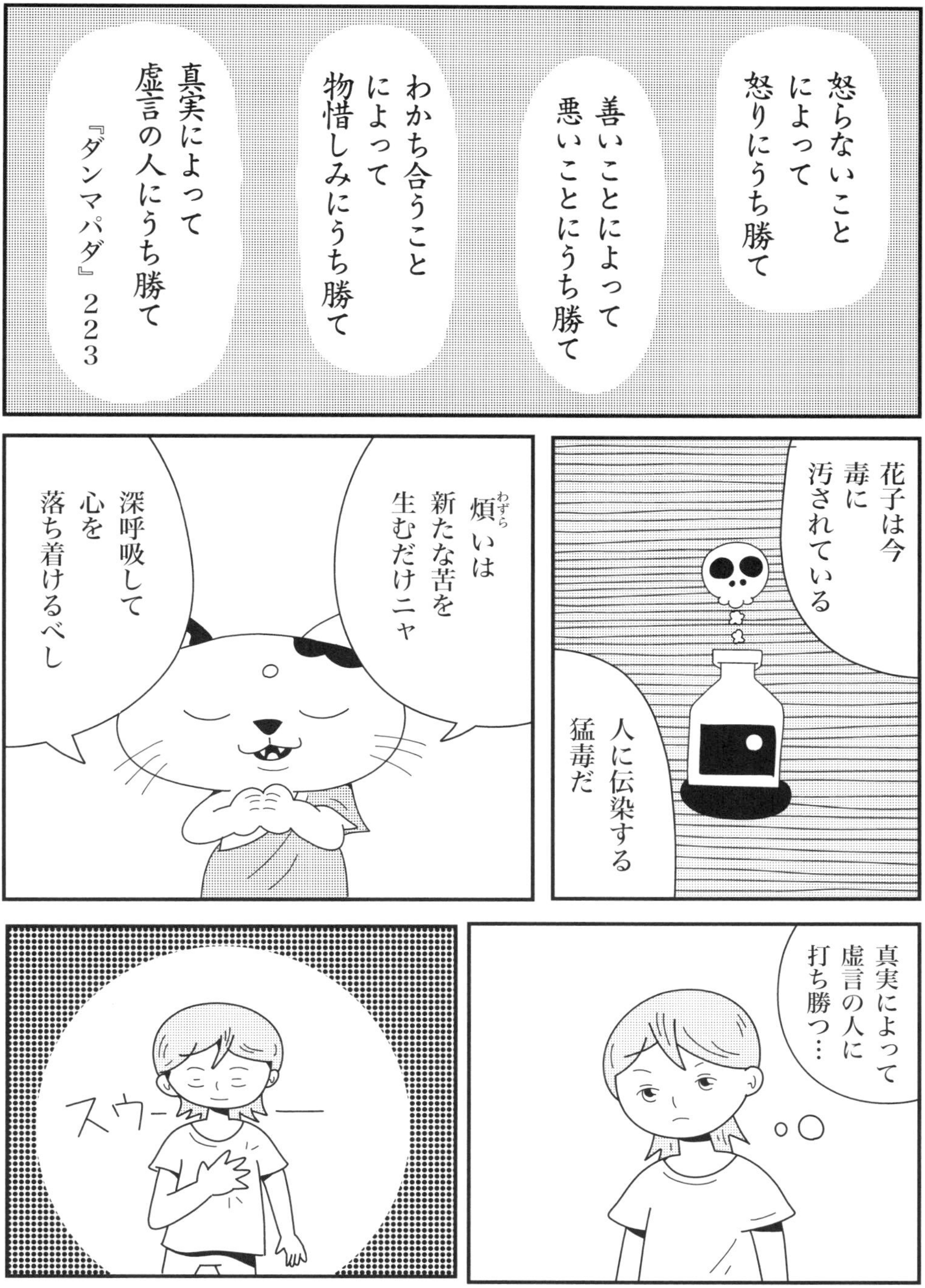

怒らないことによって怒りにうち勝て
善いことによって悪いことにうち勝て
わかち合うことによって物惜しみにうち勝て
真実によって虚言の人にうち勝て
『ダンマパダ』223
花子は今毒に汚されている
人に伝染する猛毒だ
煩《わずら》いは新たな苦を生むだけニャ
深呼吸して心を落ち着けるべし
真実によって虚言の人に打ち勝つ…
スウーーー

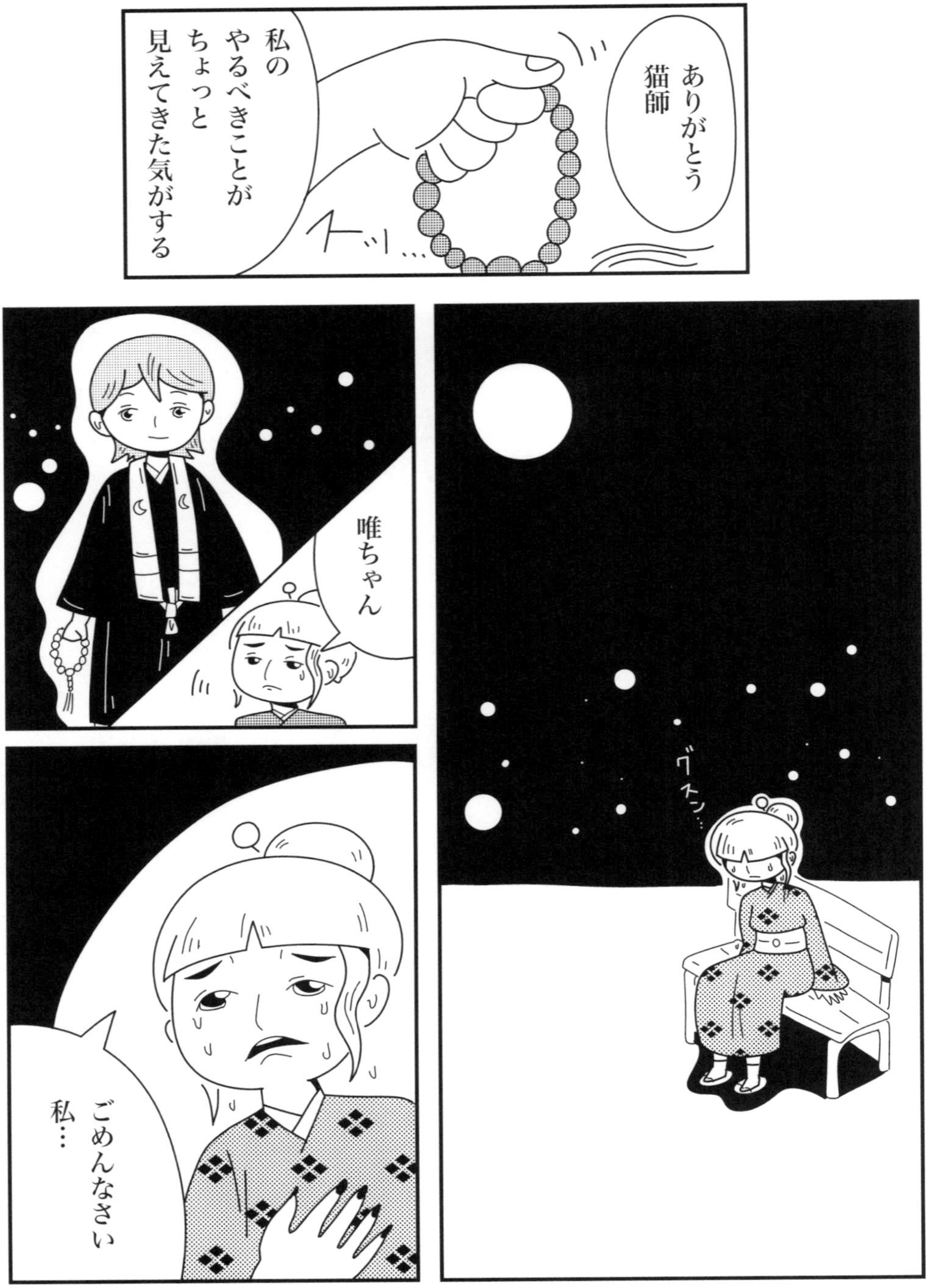

ありがとう
猫師
スッ…
私の
やるべきことが
ちょっと
見えてきた気がする
グスン…
唯ちゃん
ごめんなさい
私…

何も言わないで
花子さん
また一緒に
歩いていきましょ
ありがとう…
その後　彼女は
Hanako の
アカウントを
削除しました
炎上は嘘の
ように収まり
また平穏な日々が
戻ってきたのです

解説

SNSに潜む3つの毒の正体を知ろう

人から「認められる」「評価される」という経験には、何ものにも代えがたい快感があります。これは、人生の「目的」にも成り得るものでしょう。

「いつか、評価されるような仕事をしたい」

「あの人に自分の実力を認めてほしい」

その願いを叶えるために、人は努力をするのです。

しかし、「人からの評価」は目に見えるものではありません。

それが〝あるもの〟の登場で一変しました。

そう、SNSです。

ツイッターやフェイスブック、インスタグラムといったSNSの登場によって、「評価」は可視化されるようになりました。

「おいしい」の言葉が☆の数に変わり、「好き」の気持ちが「いいね！」の♡になったのです。これは画期的な発明と言って

いいでしょう。
SNSで話題になると、不特定多数の人が「いいね！」を押してくれます。これが、いわゆるバズる（＝多くの人に注目されて投稿記事が爆発的な速度で拡散されること）という現象です。このしくみが私たちの常識を大きく変えてしまいました。

○悪口は発言した本人の心も傷つける

実は、SNSは仏教の世界にも変化をもたらしました。日本の仏教界は、これまで宗派を超える交流が少なかったのですが、SNSの普及で垣根を越えた交流が盛んになったのです。

また、ツイッターでお寺の掲示板や仏教マンガが話題になるなど、SNSは一般の人たちに仏教を身近に感じてもらうことに一役買っています。

このように上手に活用すればいいのですが、SNSには人の「負」の側面を引き出す特徴があるのも、また事実。使い方を誤れば、人の理性を失わせてしまう強力な魔力があるのです。

ちょうど、マンガに登場した花子さんがそうだったように……。

誹謗中傷コメントなどは、その典型的な例でしょう。

SNSは実名を出さずにコメントを書き込めることから、過激な批判がエスカレートして、止まらなくなってしまいます。その結果、批判の総体が相手を自死にまで追い込むほどの強い力に発展します。

ブッダは、こんなふうに言っています。

人が生まれたときには、実に口の中には斧が生じている。愚者は悪口を言って、その斧によって自分を斬り割くのである。

『スッタニパータ』657

誰かに悪口を言う者は、相手を傷つけるのと同時に自分自身を傷つけているのだ。

これがブッダのメッセージです。

自分自身を傷つけないための第一歩は、あなた自身が悪口を言わないこと。これに尽きるのです。

○私たちの心をむしばむ3つの「毒」

それでも私たちがSNSをやめられないのはどうしてなのでしょう。

それは、SNSには煩悩《ぼんのう》を上手にくすぐる仕掛けが利用されているからです。……いや、私たちの煩悩がSNSという世界をつくり出したのかもしれません。

ちなみに「煩悩」とは、みなさんもよくご存知の仏教用語

で、私たちの心を悩ませ、かき乱すあらゆる精神作用を意味します。

花子さんも、まさにそんな煩悩に振り回された1人でした。彼女は強い嫉妬と劣等感からどんどん行動がエスカレートしていき、最終的には彼女自身が自分の行動を激しく後悔するまでになりました。彼女をそこまで追い込んだものは、何だったのでしょうか。

仏教は、無数に存在する煩《わずら》いの中で、根本的な3つの煩悩を「三毒《さんどく》」と名付けました。

三毒とは、次の3つを指します。

①貪欲《とんよく》……満足できない貪《むさぼ》りの心。執着する心
②瞋恚《しんに》……怒りや腹立ちの心
③愚痴《ぐち》……愚かな心。真理に対する無知

仏教のすごいところは、心の中のモヤモヤをこのように深掘りし、原因を突き止めて、名前をつけたことです。

この「三毒」、世の中では甘い蜜に包まれて、さまざまなところに利用されています。そして、この「三毒」を刺激さ

れると、私たちはいとも簡単に我を忘れてしまいます。

それも気付かぬうちに！

ＳＮＳには、「三毒」を刺激する仕掛けがいくつも含まれています。

貪りの心を刺激し、競争心をくすぐる――。

ＳＮＳの持つ危険な特徴です。

また、ＳＮＳの言葉は、体の壁を通さずに私たちの心に直接アクセスしてきます。これも大きな特徴でしょう。ダイレクトであるぶん、良くも悪くもメンタルに大きな影響を与えるのです。

煩悩を「毒」と表現したのは言葉の妙ですね。

体をゆっくりとむしばんでいく毒のごとく、私たちの心は次第に煩悩に侵されていくのです。

では、３つの毒について詳しく見ていきましょう。

○貪欲――「いいね！」はお布施である

「〇〇さんの投稿はいつも素敵で楽しそう。〝いいね！〟もたくさんついているみたい。それに比べて私の投稿は、地味でつまらないな」

「隣の芝生は青い」ならぬ「隣のアカウントはキラキラしている」の典型例です。

趣味で始めた投稿が、いつの間にか人と自分を比べる材料になってしまっていた……。

心当たりがある人も多いのではないでしょうか。

人間は見栄っ張りな生きものですから、自分の投稿が人の目に触れることがわかると、少しでも良く見せようとします。

その結果、SNSの投稿は「切り取られた非日常」もしくは「美化された日常」であふれることになります。

いわば、ハレの演出ですね。

そして、それをさらに脚色した「物語《ストーリー》」になっています。

けれども、「リアル」と「物語」を比較するなど何の意味もありません。

でも、耳を澄ますと聞こえてきますね。

「私も同じようにいい思いがしたい！」という貪りの声が。

でも、これ、果たして心から楽しめているでしょうか？


（托鉢《たくはつ》によって）自分の得たものを軽んじてはならない。他人の得たものを羨《うらや》むな。他人を羨む修行僧は心の安定を得ることができない。『ダンマパダ』３６５

他者と比較すれば優劣を感じますから、どうしても腹立ちの心が生じます。

だから、「人と自分を比べてはいけない」「比べれば心を安定させることはできない」と、ブッダは言っています。

「いいね！」を押すことは、托鉢やお布施《ふせ》の精神に似ているかもしれません。

そもそも「いいね！」を押すことは、押す側にとっては何のメリットもない行為です。見返りを求めず、好きだという気持ちを純粋に相手に届けているわけですから、非常に尊い行為です。

だからこそ、「いいね！」を貪るのは残念なことではないでしょうか。

「いいね！」を押してくれた人の気持ちはわかりません。

コメントを残してくれれば別ですが、押してくれた人に1人ずつ理由を聞くことなんてできないですよね。だから気持ちは察するしかない。

また、わかりにくいだけに、どうしても数で重みを測りがちです。

あなたに向けて、誰かが「思い」を届けてくれた。

その事実は変わらないのですから、数で判断してしまうのはもったいないことです。

「数が少ない＝評価されなかった」ではなく、気にかけるべきは、思いの深さではないでしょうか。

「いいね！」を押してもらえた……いや「推し」てもらえたあなたは、数に関係なく、誰かの「推し」になったのです。
その尊い気持ちに素直に感謝したいものです。

○瞋恚――怒りの言葉は相手を殴るのと同じ

便利な道具も使い方を誤れば人を傷つけてしまいます。SNSも同じこと。感情のおもむくままに乱暴な言葉を叩きつければ、人は深く傷つきます。

花子さんも、そのことは十分わかっていたはず。

しかし、その冷静さを忘れさせたものこそ、瞋恚、つまり怒り、腹立ちの心なのです。

ブッダは怒りを諌《いさ》める言葉を繰り返し語っています。些細なものでも、怒りは次々に煩いを呼び起こすからです。

他人の過失を探し求め、つねに怒りたける人は、煩悩の汚れが増大する。かれは煩悩の汚れの消滅から遠く隔っている。
『ダンマパダ』253

とくに静かな怒りには気をつけましょう。

静かな怒りは「言い訳」が上手。ときには「あなたのため」という仮面をつけて誘惑してきます。

しかし、怒りに身を任せる行為は、「いいね！」よりもっと大切なものをあなたから奪ってしまいます。

SNSと言っても、ツイッター、フェイスブック、インスタグラムなどさまざまなものがあります。操作はどれも簡単なので、直感的に言葉を発信できますよね。

それはつまり、少ないステップで「怒り」を放つことができるということです。

どんなに腹を立てている人でも、その怒りは長くは続きません。

でも、怒りが冷めるより、スマホを操作する指の動きの方が速いのです。

・怒りに任せて誹謗中傷を投稿する
・相手に拳を振り上げる

この2つはまったく同じことです。

生まれてこの方、誰かを殴ったことなんてないというあなたでも、自制心を失った言葉を投稿すれば、それは「拳」となって相手目がけて飛んでいくのです。

たとえ思い通りに事が運ばずイライラしていたとしても、そのはけ口をSNSに求めてはいけませんよ。アカウントの向こう側には、あなたと同じ生身の人間がいるのです。

愚痴――「自分の国」に閉じこもる怖さ

3つ目の毒は「愚痴」です。

愚痴と言うと、居酒屋でビールを飲みながら話題にされる「課長は何にもわかってねえんだよ!」という不平不満のようなイメージがありますが、仏教の「愚痴」はそういう意味ではありません。「真理に気付かない愚かさ」のことです。

さて、この「真理に気付かない愚かさ」が、SNSとどう関係しているのでしょうか?

SNSのヘビーユーザーになると、ネット上のやりとりが生活の中で大きなウエイトを占めるようになってきます。

常に「オンライン」の状態とでも言うのでしょうか、ずっと投稿するネタを探していたり、通知が届くたびにソワソワしたり……。

実際、日本中のあらゆる場所から手持ちの端末でアクセスできるわけですから、オンラインとオフラインの垣根は限りなく低くなっています。オンライン上のつながりも、リアルな人間関係とそれほど変わらなくなってきました。

しかし、こうして考えると、SNSは視野を広げてくれているように見えて、実はかえって世界を狭めているのかもしれません。

私たちは、SNSから自分にメリットのある情報だけを吸いあげます。また、フェイスブックやツイッターでやりとりするのは、お互いにとって有益な人や関心のある人だけ。気に入らない人はブロックすればいい。

これは当然ですよね。わざわざ不快なものを視界に入れたいと思う人などいないのですから。

こうしていつの間にか「心の門」が閉まってしまう。あっという間に自分だけの国のできあがりです。

行き着く先は、裸の王様。

SNSにハマると、自分が現実と切り離された世界にいることになかなか気付けません。

マンガの中でも、花子さんは自分のファンだと思っていた人が唯に心変わりしたことに腹を立てていました。本来ならスルーしてしまうような些細なことでも、「自分の国」で起きたこととなると話は違います。

○SNS出家のすすめ

前述したように、ブッダは元々小さな国の王子でした。

でも、あるとき世の中の現実や我が身に降りかかる避けがたい苦悩を知ります。そして、自分はそれまで何と狭い世界にいたのかと覚醒し、出家して「ブッダ(=真理に目覚めた人)」となったのです。

SNSの情報に振り回されている私たちも、自分がつくった「壁の中」に閉じこもっているという事実に気付かなければいけません。

「壁」の外に出ましょう。

いわば、SNS出家です。

SNSには、自分を「複製」できる恐ろしさもあります。

花子さんが別アカウントを運用していたように、アカウントを切り替えることで、本来の自分とは異なる「(ネット世界の)人格」が簡単につくれてしまう。

匿名性の高いアカウントを持てば、それだけ現実世界とのギャップが生まれ、自制心が抑えられなくなっていきます。その結果、リアルの世界では常識的に振る舞っている人でも、ふとした拍子に道理を失って暴走しかねないのです。

まとめ

「三毒」は、その人の人間性を大きく変えてしまいます。

貪欲に支配されれば、執着心の強い強欲な人になり、瞋恚に身を任せれば、常にイライラしている怒りっぽい人になり、愚痴に気がつかなければ、世間を知らないうぬぼれた人になる。

それでも多くの人は、ネガティブな感情を暴走させないよう、何とかやりすごしながら生活しています。

SNSに「三毒」を強化するような側面があるからと言って、まったく使わないというのもまた、極端な態度でしょう。

私たちは、ブッダが修行に励んだ頃とはまったく異なる世界にいます。この世界で生活をしている以上、消費社会の価値観を離れては生きられないという現実があります。

では、どうすればいいのでしょうか？

ご提案したいのは、日常生活の中に「別の価値観」に触れる時間を取り入れることです。

私の場合は仏さまの前で「お勤め」をする時間がこれに当たりますが、なかでも「読経《どきょう》」は世間の価値観とは別の仏教的な価値観に触れる大事な時間なのです。

感覚的には、我を忘れて何かに没頭する行為に近いのかもしれません。しかし、単に集中するだけでなく、私たちの根

底にある価値観をじっくりと観察し、意識して離れてみることが大切です。

僧侶の私としては、最も手軽に「非日常」を過ごせる場所としてお寺や仏事を推奨しますが、もちろん手段は人それぞれです。

最後に行為を習慣化することもお忘れなく。

思考も筋トレと同じです。日常的に鍛えていないのに、いきなり重いものを持つことはできません。日々の研鑽《けんさん》があってこそ、いざというときに「三毒」の魔の手をグッと押さえることができるのです。

人生は決して長くありません。

こうしている間も進んでいきます。

さあ、早速、今握っているスマホを手放して、自分にできそうなことから始めてみましょう。

コラム 1

心をまっすぐにする ブッダの言葉

自分の栄養になるなら つらいことも楽しい

善からぬこと、
己れのためにならぬことは、
なし易い。
ためになること、善いことは、
実に極めてなし難い。

『ダンマパダ』163

訳

良くないことや自分のためにならないことは、ついついしてしまいがち。でも、自分にとって本当にためになることや良いことをするのはとても難しい。

経典によれば、ブッダは修行を「楽しい」と表現しました。

それは「やさしい」ことではありません。精神的にも肉体的にも自分を追い詰めていく、大変な行為です。

でも、本当に自分のためになるから「楽しい」のです。

そう考えれば、学生時代に苦手だった勉強も、今では「楽しい」と思える……かもしれませんね。

第2章

職場の人間関係がつらすぎる（善き友）

先輩の誘いを断れない！
第2話
あれ？これから出かけるのか？
学生時代の友達さっちゃんと久しぶりにごはんを食べに行くの
友達かあ…
「善き友」がいてこそ厳しい修行ものりこえ…
…ってもういないニャ
やれやれせっかちな弟子だ
護経寺

久しぶりねぇ
チーーン
カンパ〜イ
私服だと全然お坊さんに見えないわね
でも　正真正銘お坊さんよ
それより新しい職場には慣れた？
それがね…
ちょっと困ったことがあるのよ

同じ職場に苦手な先輩がいるの
苦手？
嫌われると大変
ランチ行くでしょ？
はい…
嫌いな人は空気扱い
スタスタ
カタカタカタカタ

寺田さん
いつも1人で
大丈夫かな
ねぇ
一緒に…
木野さん
いつまで
待たせるの？
うわっ
ある意味
うらやましい
一応
話は合わせて
いるんだけど…
ストレスで
本当に
つらいの

ねぇ
唯ちゃん
苦手な人とも
仲良くしなきゃ
いけないのかな
えっ!?
どんな答えが
ベストかな
ありきたり
じゃない
答え…
なーんてね
フフ…
仲良くする方が
いいに
決まってるよね

GABUR
Beer
wine
ウヰスキー
COFFEE
今日のオススメ
・エビのフリット
GABUR
つらそうな顔だったな
私
何て答えるべきだったんだろ?

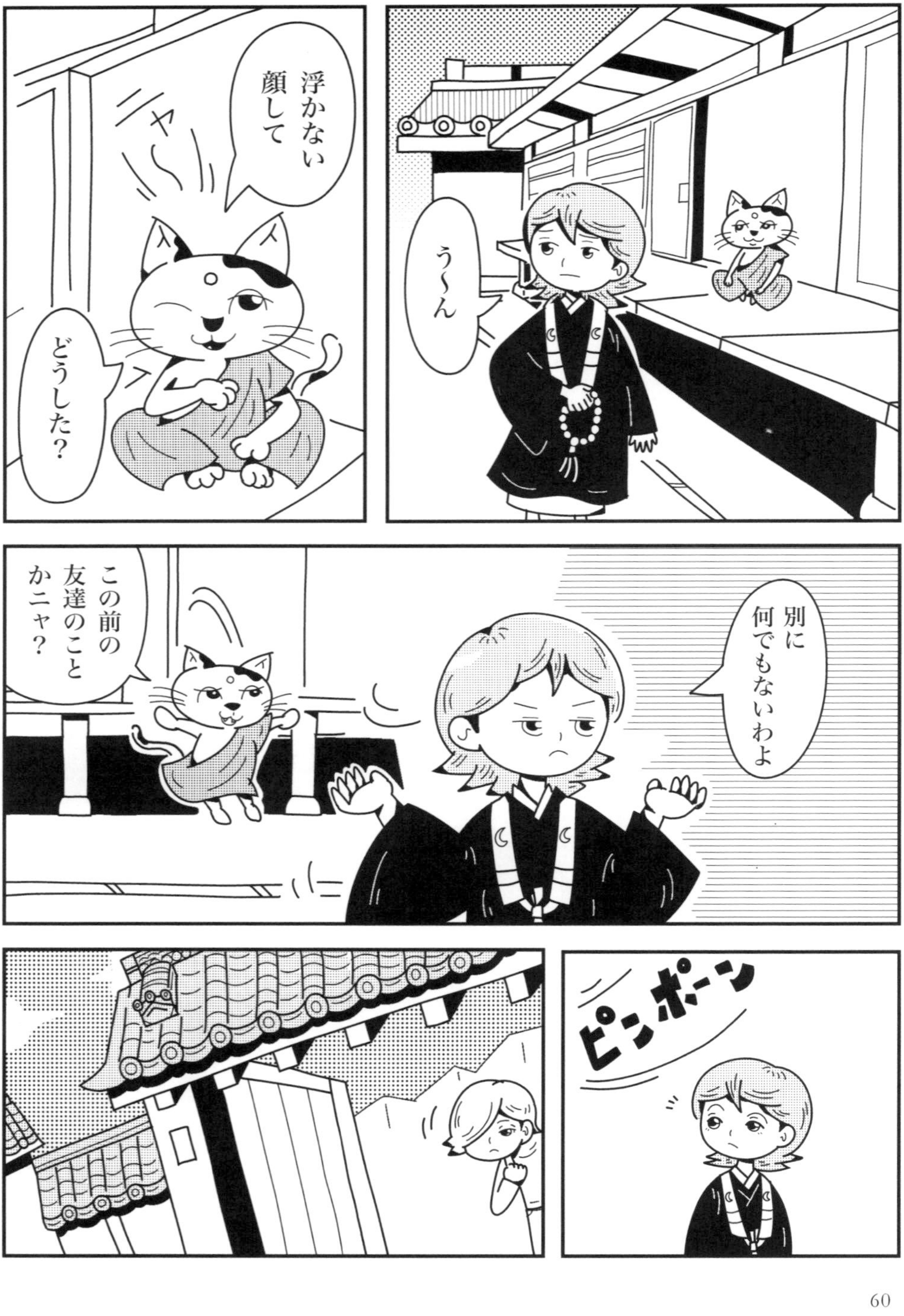

う〜ん
ニャ〜
浮かない顔して
どうした？
別に何でもないわよ
この前の友達のことかニャ？
ピンポーン

私　木野さんと
同じ職場で…
寺田と
言います
ペコッ
ああ
例の…
ニャ?
実は木野さん
しばらく会社を
休んでいて
前にツイッターで
このお寺のことを
つぶやいてたから…
えっ!?

人間関係で悩んでいたみたいで
相当無理をしているように見えました
私のせいだわ
しっかり答えることができなかったから
彼女が悩みを打ち明けるなんて
あなたのこととても頼りにしているんですね
私が力不足なのはわかっているのでも…
何とか彼女の力になりたい
今も昔も
煩
人が2人以上集まればそこに悩みが生じる

人間関係に関する お釈迦さまの言葉は たくさん残ってるニャ
「残ってる」？ お釈迦さまが 残したんじゃ なくて？
お釈迦さま 自身は言葉を 記さなかった
弟子たちが お釈迦さまから 聞いた言葉を 紡《つむ》ぎ記録した もの…
それがお経として 今日まで 伝わっているニャ
2500年以上 も前の言葉が 現代まで 残っている
人間関係の 問題は いつの時代も 切実だと いうことだ
それでお釈迦さまは 何と言っているの？

悪い友と交るな
卑しい人と交るな
善い友と交われ
尊い人と交れ
『ウダーナヴァルガ』第25章3
どのような友をつくろうとも
どのような人につき合おうとも
やがて人は
その友のような人になる
人とともにつき合うというのは
そのようなことなのである
『ウダーナヴァルガ』第25章11
どんなに環境に恵まれていても
悪友に囲まれていると道は困難になる
誰とでも仲良くしなきゃいけないと思っていた
他者が自分の理想通りに変わることはない
ひとりごと?
ならば変わらなくても理想的な人を大切にしたらいい

身近にいる
大切な友達
…とかニャ
ワシは
ここまで
ドロン!
私たちよ!
寺田さん
私 さっちゃんの
ところに行くわ
え!?
今からですか?
待ってて
さっちゃん…
ブーン
何があっても私は
「善き友」でいるわ

木野さん
この後みんなで
お茶でもどう？
さっちゃんの
本当の声に
耳を傾けて
…
キッパリ
ごめんなさい
帰ります
ザワッー!!
!?
ムムムム
ムムムム！
お疲れさま！

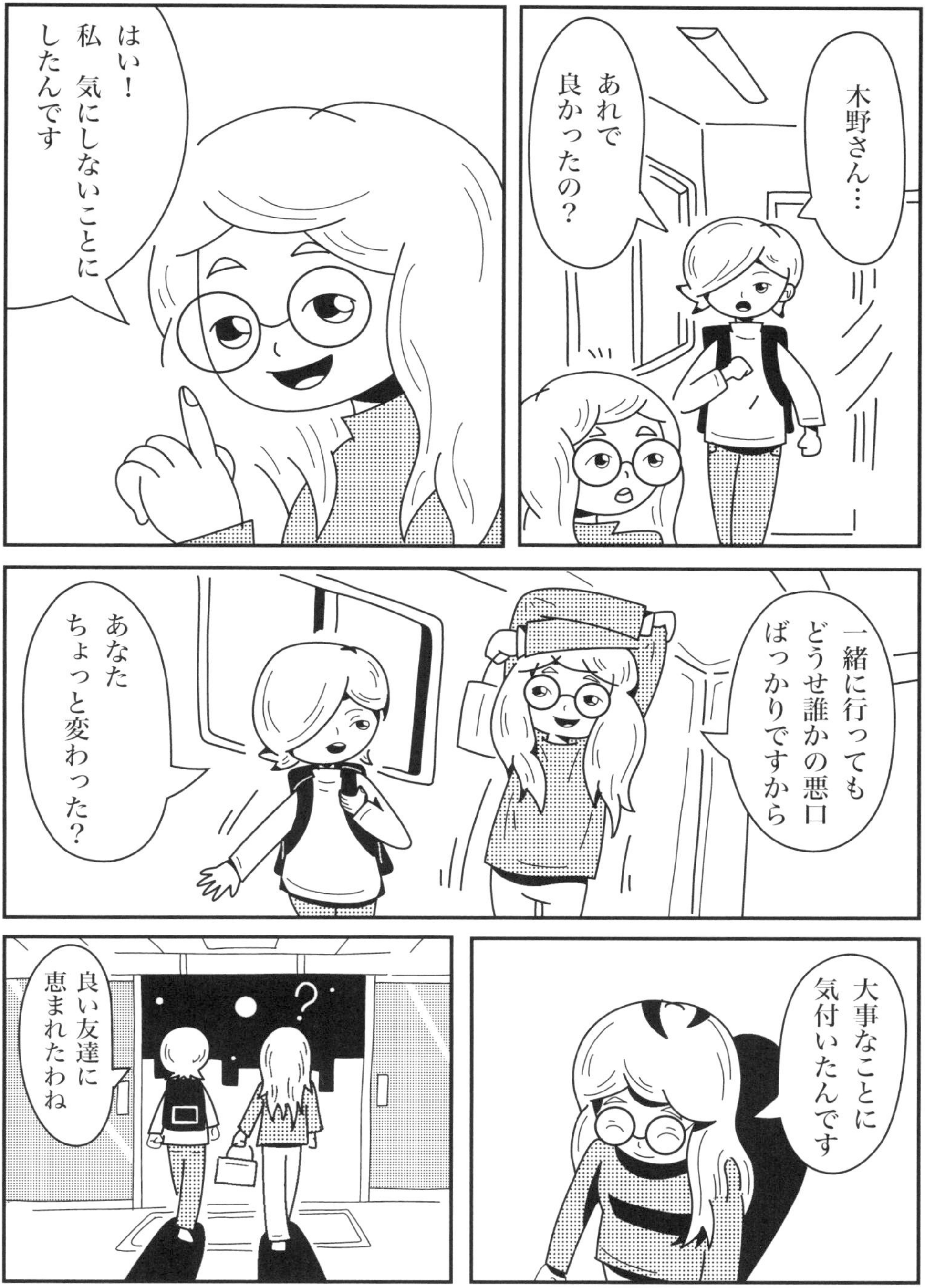
木野さん…
あれで良かったの？
はい！私　気にしないことにしたんです
一緒に行ってもどうせ誰かの悪口ばっかりですから
あなたちょっと変わった？
大事なことに気付いたんです
良い友達に恵まれたわね
？

私
怖かったんです
自分が嫌われて
陰口を叩かれるのが
何となくそんな
気はしてた…
そんな
あなたは
好きじゃ
なかったけど
今のあなたなら
友達になれそう
人間関係って
結局…
自分自身との
向き合い方なのかも
しれませんね

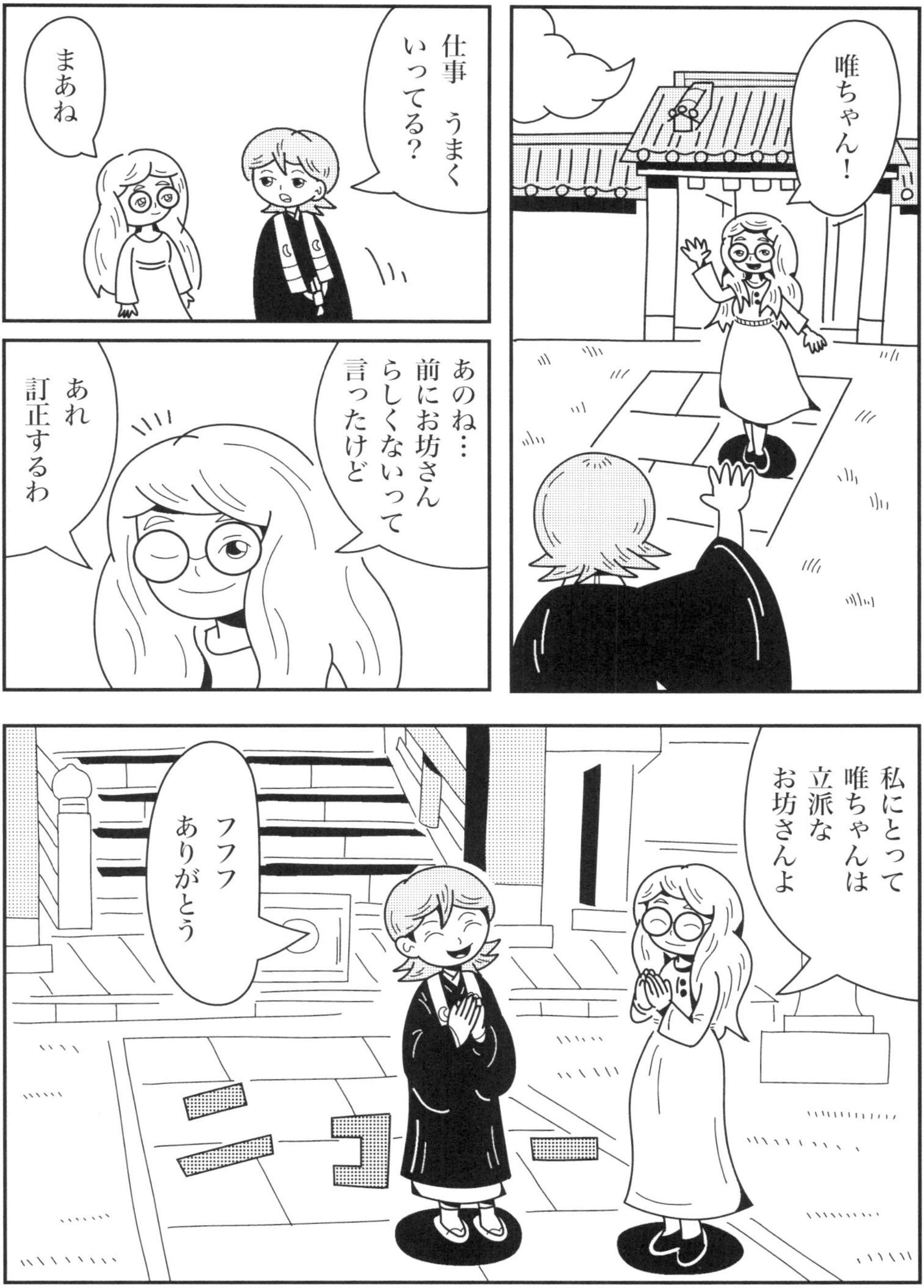
唯ちゃん!
仕事 うまくいってる?
まあね
あのね…前にお坊さんらしくないいって言ったけど
あれ訂正するわ
私にとって唯ちゃんは立派なお坊さんよ
フフフありがとう
ニコ

解説

つらい人間関係は「距離感」を調節せよ

人間関係に関する悩みは根深いものがあります。それを裏付けるように、ブッダの言葉にも他者との交わりに関する言葉がいくつも残っています。

マンガにもあるように、今日残っているブッダの言葉はブッダ自身が書き残したものではありません。ブッダの死後、弟子たちが集まって文字に起こしたものです。

これが「お経」です。

漢文に訳されたお経には「如是《にょぜ》我聞《がもん》」という定型句で始まるものがありますが、これは「私は（ブッダから）こう聞いた」という意味です。

弟子たちが、師との大切な思い出を丁寧に記録している姿が想像できますね。

もちろん、当時はボイスレコーダーなんてありませんから、頼れるのは弟子1人ひとりの記憶だけ。そのため、記録する

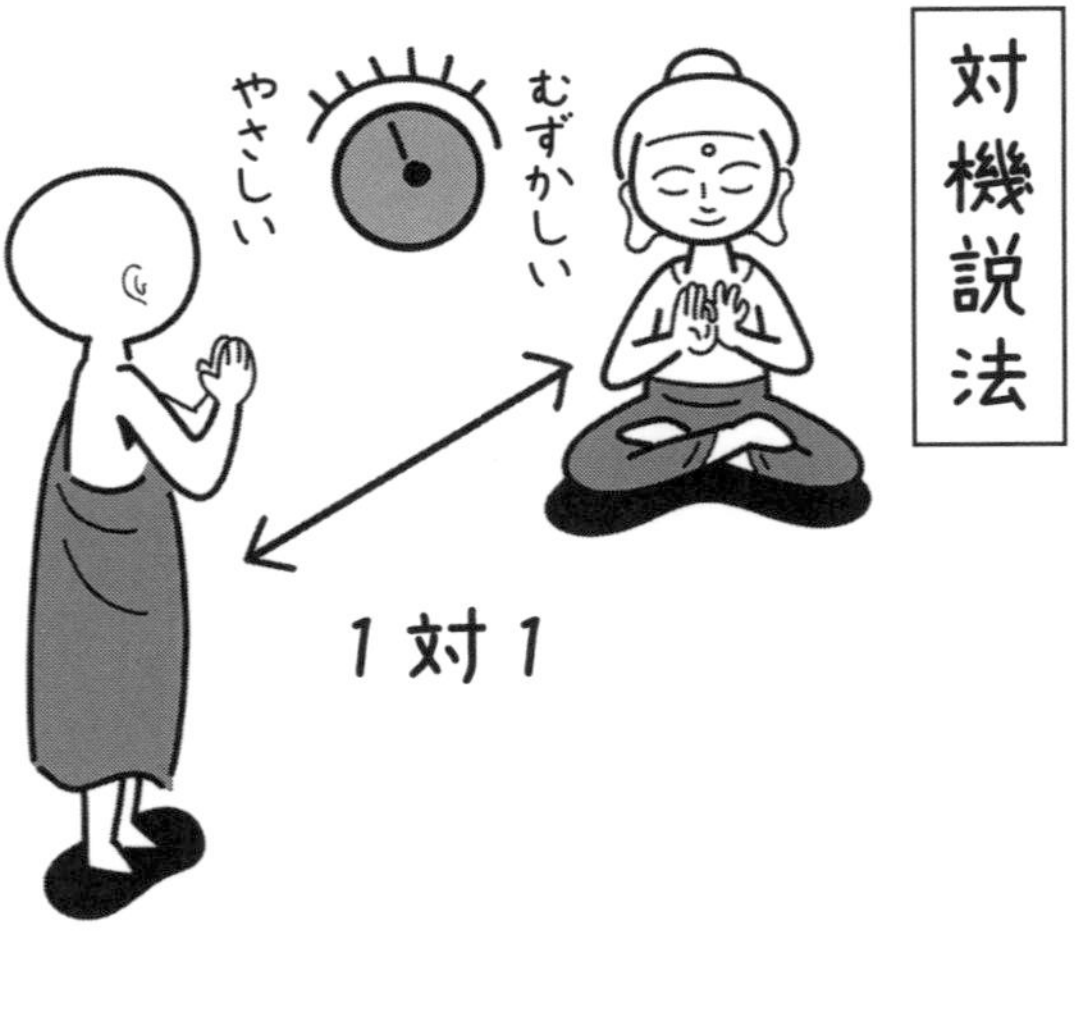

作業も細心の注意を払って行われたのではないでしょうか。

残念ながら、長い時間の経過の中で消失してしまった言葉や、胸の奥にそっとしまわれたエピソードもあったはずです。

ですから、何千年もの歳月を経て今日まで残った言葉は、弟子たちにとって、とくに印象深かったものや共有すべきだったもの、また、多くの人が求めた事柄だったのでしょう。

ちなみにブッダは、説法をするときに「対機説法《たいきせっぽう》」というスタイルをとっていました。これは1対1で対面し、相手の能力や素質、理解度に合わせて話の仕方を変える手法のことです。

難しい内容であれば、やさしい言葉を使ったり、動物のたとえ話にしたりと、さまざまな工夫をしながら教えを説いたのでした。

表現を変えながら、相手に正しくメッセージを伝えようとする、ブッダの柔軟性とやさしい人柄が感じられます。

人間関係のイザコザは2500年前も

ブッダとその弟子たちは、「僧伽《さんが》」という集団を形成して修行に励んでいました。

しかし、農業や牧畜など集団内での生産活動は行っていなかったので、生きていくのに必要な最低限の物資は布施などによって支えられていました。王様や富豪たちから土地の寄進を受けたこともあります。

施《ほどこ》しを受ける中で、悩みごとの相談も受けていたのでしょう。

ブッダや弟子たちのまわりには、僧俗を問わず、さまざまな人たちが集まっていました。そうした中で、人間関係のトラブルもしばしば発生していたようです。

有名な逸話としては、美男子ゆえにそのモテっぷりが修行の妨げになったアーナンダや、教団の乗っ取りを画策したダイバダッタの話が挙げられます。

「仏説《ぶっせつ》観《かん》無《む》量寿経《りょうじゅきょう》」というお経には、マガタ国（紀元前413〜395年）という国で起こった、親子間の争いの話が語られています。

シチュエーションが違うだけで、問題の本質は現代と何も変わっていません。

ブッダに直接教えを聞くことができた時代でもこんなトラブルが起こっていたくらいですから、たとえ仏の声でも、嫉妬や欲望に駆られた人間の耳には入らなかったということでしょう。

本当に必要なのは「気が合わない人」？

では、実際のところ、ブッダは人間関係についてどのように考えていたのでしょうか。私がとくにシビれた一文を取り上げてみましょう。

悪い友と交るな。卑しい人と交るな。善い友と交われ。尊い人と交《まじわ》れ。

『ウダーナヴァルガ』第25章3

シンプルですが、力強い言葉ですね。

きっとブッダも悪い友や卑しい人に苦労させられたことがあるのでしょう。そうでなければ、こんな実感のこもった言葉は出てきません。

さて、私はここに重要なポイントがあると思います。

それは、ブッダが「気の合う人とだけつるんでいればいい」とは言っていないことです。

私たちは自分と気の合う人、つまり自分と似た意見を持つ人を肯定的に捉え、「善い人」と考えがちです。

逆に、気の合わない人は「間違った人」として遠ざけ、その人自身に対しても否定的な見方をしてしまうところがあります。

しかし、自分自身の意見が必ずしも正しいとは限りません。

あなたが無自覚のうちに、よこしまな考えを正しい判断だ

と考えていたとしたら、気の合う人もまた、よこしまな意見を持っている人になってしまいます。それならば、耳が痛くても正しい意見をしっかり言ってくれる人の話を聞く方がいい。

私たちは、物事を自分の都合のいいようにねじ曲げて捉えてしまうところがあります。ですから、実は「自分は正しい」と思っているときこそ、落ち着いて考えてみることが必要なのです。

油断して心に隙が生まれると、ブッダの言葉でさえ自己肯定や言い訳に利用しようとします。

気の合う人と過ごす時間は愉快ですし、何より楽でしょう。

でも、多少うるさく感じても、あなたの本質をよく知っている友こそが、あなたに必要な気付きを与えてくれるのです。

ブッダの示した「卑しさ」とは？

ブッダが残した言葉の中には、短くて簡潔なものが多くあります。

けれども、その背景には深い意味が込められています。

ここからは、その本質について解説していきましょう。

まず、ブッダが言う「卑しい」とは、どういうことなのでしょうか？

これについては、『スッタニパータ』の「蛇の章」で詳しく語られています。

この章の背景は、以下の通りです。

托鉢をしていたブッダが、火を崇《あが》める司祭の家を訪れます。そこには聖火が灯され、多くの供物がそなえられていました。

近づいてくるブッダの姿を見ると、司祭は、「卑しい奴め、聖なる火が汚れるからこれ以上近づくな！」と横柄な態度を取ります。

ブッダの質素な身なりを見て、見下したのでしょう。

するとブッダは応えます。

「司祭よ、あなたは卑しい奴と言うが、そもそも卑しい人とは何か知っているのですか？　人を卑しい人たらしめる条件を知っているのですか？」

これには司祭もたじろいで、こう思ったでしょう。

（この人はタダ者じゃない！）

ブッダに諭《さと》されて、さすがの司祭も素直になります。

「ブッダさん、私は人を卑しい人とする条件を知りません。どうか、私に教えてくれませんか」

そして、ブッダは卑しい人の条件について語り出します。

ブッダは教えを請われて初めて冷静に語り出すのですが、私だったら絶対に無理ですね。最初の発言でカッとなって、即座に言い返してケンカになりそうです。

ブッダは自分が答えを持っているとわかっているときでも、その答えをむやみに振りかざしたりはしませんでした。

相手が受け取ってくれるタイミングをしっかりと見極めていたのです。

仏教では、教えの中身もさることながら、この「(タイミングを) 見極める」という姿勢を大切にしているんです。

いくら正しいことを言っていても、それがまっすぐに伝わらなければ意味がありません。タイミングを間違えてアドバイスをすれば、それは相手にとってイヤ味なお説教になってしまいます。

では、卑しい人の条件をいくつか取り上げてみます。

怒りやすくて恨みをいだき、邪悪にして、見せかけであざむき、誤った見解を奉じ、たくらみのある人、――かれを賤しい人であると知れ。

『スッタニパータ』116

自分をほめたたえ、他人を軽蔑し、みずからの慢心のために卑しくなった人、――かれを賤しい人であると知れ。

『スッタニパータ』132

実際は尊敬されるべき人ではないのに尊敬されるべき人（聖者）であると自称し、梵天を含む世界の盗賊である人、――かれこそ実に最下の賤しい人である。わたくしがそなたたちに説き示したこれらの人々は、実に〈賤しい人〉と呼ばれる。

『スッタニパータ』135

この他にも『スッタニパータ』の「蛇の章」では、卑しい人を説明する言葉がいくつもあります。

この場ではすべてを紹介することはできませんが、「ああ、こんな人、いるなぁ」と納得すること間違いなしです。ぜひ、一度読んでみてください。

自分の基準が正しいと信じる怖さ

ここで、ちょっと疑問に思いませんか？

なぜ、ブッダはこんなにも悪い人の特徴に詳しいのでしょうか。

それは、悟りに至る過程で人間の心の作用を深く観察したからです。ブッダをブッダたらしめた所以《ゆえん》の1つは、この観

察による客観性でした。

客観性。

これは仕事でもよく聞くキーワードですよね。

マーケティングや企画の立案時には、必ずと言っていいほど触れられます。うまくいくプランはこの「客観性」が十二分に考慮されているものが多く、反対に「客観性」を欠いたものは往々にして失敗しがちです。

「○○君は一生懸命なんだけど、客観性が足りないね。思い込みは捨てなきゃ」なんて言われたことはありませんか。

私もマンガを描くときや法話をするときに、よくダメ出しをされます。自分が描きたいことや伝えたいことが先走り、つい独りよがりの内容になってしまうのです。

人は無意識のうちに自分の基準＝世間の基準だと勘違いしがちです。「善悪」に対する評価も、自分の基準で判断すると逆転してしまうことがあります。

妙な言い回しになりますが、「正しい悪」や「正しい卑しさ」を見分けるためには、客観的な物差しが必要です。

ブッダに善悪の基準について切り返された司祭はドキリとしたでしょう。自分の価値観で人の善悪を決める行為は、ブッダの言う「誤った見解」を信じること、つまり卑しい行為そのものなのです。

ちなみに、このエピソードの最後では、横柄な態度をとった司祭はブッダの言葉に深く感服し、弟子入りを申し入れています。

○身分は前世での行いによって決まる？

ブッダの言葉の中に、次のようなものがあります。

生れによって賤しい人となるのではない。生れによってバラモンとなるのではない。行為によって賤しい人ともなり、行為によってバラモンともなる。
『スッタニパータ』１３６

有名な言葉なので、聞いたことがあるという人も多いのではないでしょうか。

個人的には、革命的な一文だと思っています。なぜなら、ブッダの時代では当たり前だった、生まれによって身分が決まるという「常識」に真っ向から異を唱えた言葉だからです。

ここには、有名な「輪廻《りんね》」という考え方が関係しています。「輪廻」とは、人をはじめとする生き物が、何度も生まれ変わって違う生命を生きるという思想のこと（→第6章）。

余談ですが、仏教が生まれる前から、インドやネパールでは「輪廻」が当たり前のように信じられていました。

「輪廻」と聞くと、仏教発の考え方のように思われがちですが、実は仏教より前から存在していたのです。仏教が「輪廻」を言い出したのではなく、「輪廻」のある土壌に仏教が生まれてきた……。そう表現した方が適切かもしれません。

話を元に戻しましょう。

「命は何度も生まれ変わりを繰り返す。だから、生まれたときの境遇は〝過去〟に理由が隠されているはずだ」

ブッダ以前の世界では、そのように考えられていました。

良い身分に生まれた人は、前世で良い行いをしたから。そうでない人は、前世で悪い行いをしたから。文字通り、自業自得ということです。

しかし、それは誤りだと主張したのがブッダでした。

○人は「行為」によってつくられる

ブッダ以前には、「善悪」も元々人に備わっているものだと考えられていました。生まれながらにして魂に刷り込まれた性質とでも言うのでしょうか。その人が善であるか悪であるかは、生まれる前からすでに決まっている、と言うのです。

しかし、ブッダはその常識を覆しました。

生まれる前から決められた事柄によって人がつくられるのではない。行動が人をつくるのだ、と。

「善い」行いをするから「善き人」になるのであり、「悪い」行いや「卑しい」行いをすれば、行動通りの人になってしまう。

これがブッダの言いたかったことです。

だからこそ、ブッダは、どんな人とつきあうかが重要だと説きました。

どのような友をつくろうとも、どのような人につき合おうとも、やがて人はその友のような人になる。人とともにつき合うというのは、そのようなことなのである。

『ウダーナヴァルガ』第25章11

私たちが人とつきあうということは、行動や環境を共有することでもあります。

まわりの人が好ましくない行動をとることが多ければ、自分も知らない間に行動に表してしまうでしょう。だから、あなたがつきあっている人は、あなた自身を映す「鏡」なのです。

○イヤな相手と距離を置く

それでは、ブッダの言葉を日常生活で実践できるレベルま

つきあっている人はあなた自身の鏡

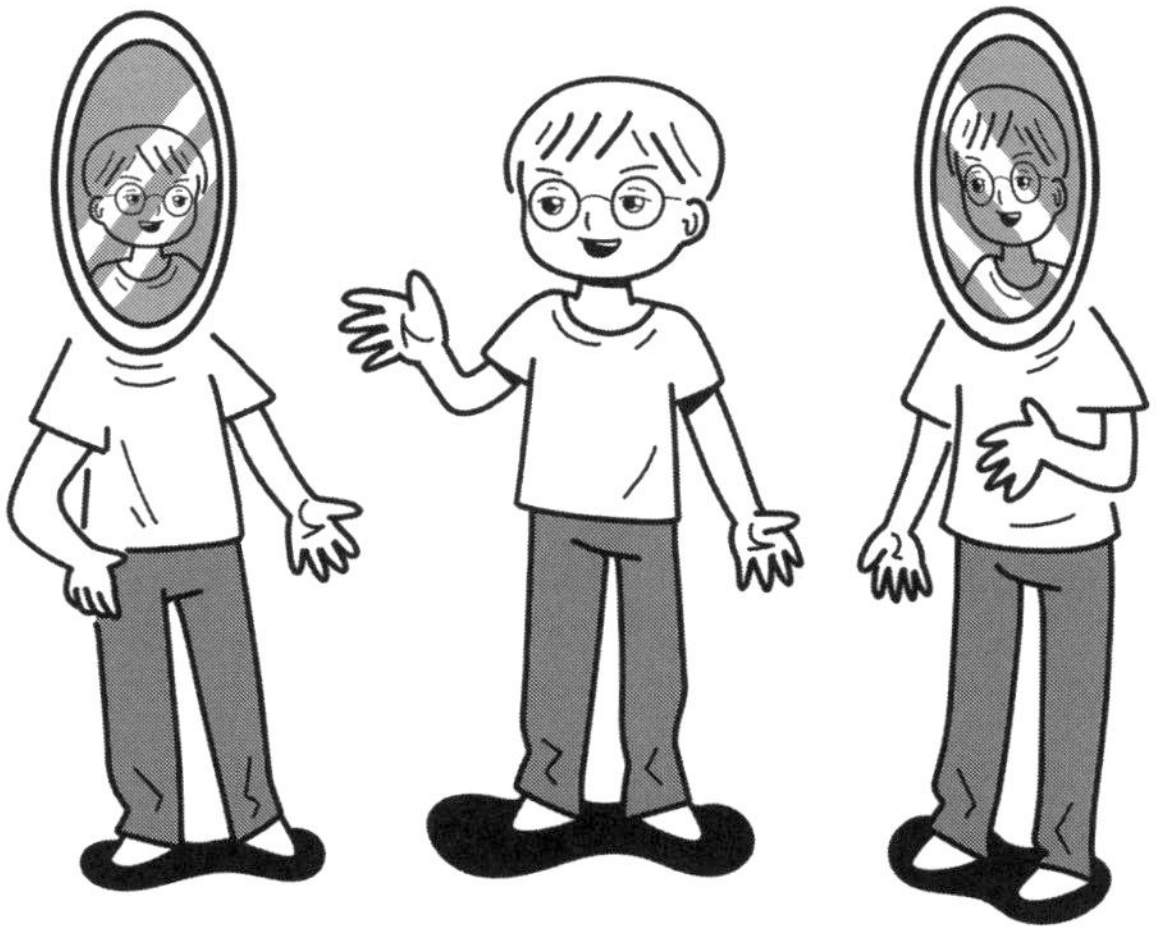

で落とし込んでみましょう。

マンガに登場した木野さんの先輩のように、あなたを悩ませる「悪い（卑しい）人」がいるとします。その場合、どうすれば心を穏やかに保つことができるでしょうか。

置かれている環境によって、相手との距離感も変わってくると思いますので、ここではいくつかのパターンを考えてみます。

まずは、相手との関係性があまり深くないパターン。

たとえば、ネットの人間関係です。接触しなくても、実生活への影響が少ない相手ですね。この場合、あなたを苦しめる人と無理に関わる必要がないのであれば、距離を取りましょう。

わかりやすく言えば、接触を断つということです。

後ろめたさは無用です。つながっていた方がいい理由はあるでしょうが、それはあなた自身が「悪」に染まることと引き換えにするほど大事なことでしょうか。

悪い行為・卑しい行動には近づかない

相手と距離を取りたくても、現実的に難しい場合もあるでしょう。

マンガのケースが、まさにこれでした。

「わかっているのにできない」という意味では、関係性が深くない場合よりも悩みが深いですね。

職場の人間関係であれば、イヤな先輩と完全に離れるには仕事を辞めるしかありません。でも、そんなことは簡単にできないので、ひたすら我慢し続けることになります。

ブッダの言葉がいかに核心をついていても、私たちの社会では最低限の人づきあいが欠かせません。これもまた、現代を生きる私たちの真理です。

では、どうしたらいいのでしょうか。

この場合は、せめて悪い行為や卑しい行為が生まれそうな場に近づかないことでしょう。イヤな相手と距離を取るのではなく、その人の悪い・卑しいアクションから距離を取るという作戦です。

とくに「悪い言葉」は意識的に避けるべきです。

たとえば、人の悪口で盛り上がるような飲み会は避ける、雑談の中で人の悪口が出たら同調しない（自分自身が「悪い言葉」を使わないようにする）といった対策が挙げられるでしょう。

> 善いことばを口に出せ。悪いことばを口に出すな。善いことばを口に出した方が良い。悪いことばを口に出すと、悩みをもたらす。
>
> 『ウダーナヴァルガ』第8章8

すでに（他人が）悪いことばを発したならば、（言い返すために）それをさらに口にするな。（同じような悪口を）口にするならば悩まされる。聖者はこのように悪いことばを発することはない。愚かな者どもが（悪いことばを）発するからである。

『ウダーナヴァルガ』第8章9

「悪い言葉を口に出すな」なんて、そんなに大事なことなのかと疑問に思うかもしれません。でも、自分の発した言葉に自分自身が影響を受ける例は、身近にあります。

たとえば、パソコンの検索履歴やメッセージの予測変換に汚い言葉が残っていて、ドキッとしたことはありませんか？

データ上で履歴が残っているように、その言葉を使った記録が私たちの心の中にも残っているのです。たとえそれが本心でなくとも、口に出た言葉は行動につながり、行動は結果に結びつきます。

たかが言葉と侮ることなかれ、なのです。

○自分自身を犠牲にしない

関係が深いと、思い通りにならないこともあります。

そうなると、「自分さえ我慢すれば……」と、距離を取ること自体をあきらめてしまうかもしれません。相手から離れることに、後ろめたさや罪悪感を感じてしまうのでしょう。

でも、それは本当に望ましい解決策でしょうか。

私は学校で「誰とでも仲良くすること」が大切だと教わりました。

もちろん、そのこと自体は素晴らしいことです。でも、本当にそんなことができるのでしょうか。

私は自分の実体験から、疑問を感じてしまいます。

先生に「誰とでも仲良くしましょう」と言われ、その結果、クラスの中がどうなったかと言えば、みんなが自分の意見を押し殺して、まわりに同調するばかり。自分の意見は表に出さないで、過剰に周囲の空気を読むだけの環境がつくられてしまいました。

「ストレスを感じることなく、誰とでも仲良くする」

それは現実問題として不可能です。

「仲良くする」という表面的な目的を達成するために、自分を押し殺し、自分を犠牲にする人が生まれる環境は、歪《ひず》みをもたらします。

抑圧された自我は、どこかで反動を生み出すでしょう。そして、その反動は望まぬ「悪」を誘発することになるかもしれません。

人は、抑圧された感情を自分の力で処理できるほど強くありません。うまく処理されなかった感情は、いずれ必ず牙をむきます。ならば、自分の感情を押し殺さなければならない状況や原因をあらかじめ避けることも必要だということです。

ただし、これはわがままに振る舞え、ということではありませんよ。他者を慈しむのと同じように、自分自身も慈しむのです。

もしも自分を愛しいものだと知るならば、自分を悪と結びつけてはならない。悪いことを実行する人が楽しみを得るということは、容易ではないからである。
『サンユッタ・ニカーヤ』第Ⅲ篇第1章第4節6

まとめ

人間関係がうまくいかないなと思ったら、まずは自分自身のことを冷静に見直してみてください。

あなたを取り巻く人々が、あなたにとっての「人間関係」であるように、あなた自身も誰かを取り巻く「人間関係」の

1人です。

あなたが「善い友」と交わりたいと思うのと同じように、他の人たちも「善い友」と仲良くなりたいと思っているでしょう。

だから、あなたが自分を顧みないで「善い友」を選ぼうするなら、まわりは「自分は何もしないけど、あわよくば善い友と仲良くなりたい」という人だらけになってしまいます。

あなた自身の考え方は、周囲の人たちに影響を与えます。

また、あなた自身の内面は、少なからず周囲の人の内面によってつくられています。

親交があるということは、まわりの人たちも今のあなたと似た部分があるということでしょう。だからこそ、あなた自身が「善き友」であり続けることが大切なのです。

結局のところ、あなたの行動の結果は、まわりの人を通して自分自身に返ってくるのですから。

この章の最後にお伝えしたいことは、善き友は生きる上で唯一無二の宝であるということです。

善き友を得ることは容易ではありません。しかし、生涯をかけて探す価値のあるものです。

仏教では「善友《ぜんう》」を「善知識《ぜんちしき》」と訳すことがあります。この「善知識」とは、正しい道に導いてくれる人のことです。その証拠に、歴史に名を刻んだ名僧たちも、「善き友」に導かれ、仏教に触れてきました。

「善き友」との出会いこそ、人生のターニングポイントとなるのです。

コラム 2

心をまっすぐにする　ブッダの言葉

どれだけ悩んでも思うようにはならない

ひとびとがいろいろと考えてみても、結果は意図とは異なったものとなる。壊《やぶ》れて消え去るのは、このとおりである。世の成りゆくさまを見よ。

『スッタニパータ』588

訳　私たちがあれこれ考えてみても、結果は思い通りにはならない。壊れて消え去ってしまうのが真理である。（絶えず移り変わる）世の中の様子をよく見るのだ。

私たちは、物事がうまく進むようにあれこれと考えるものです。しかし、どれだけ考えても、予期せぬことが起きて、思い通りにいかないのが世の常。

ただ、それはみんな同じことです。良いことも悪いことも「自分にだけ起こるのだ」と決めつけず、何かあったときこそ、周囲の様子を見てみましょう。

物事を柔軟に受け入れることで、解決のヒントが見つかるかもしれません。

第3章

努力が全然認められない（八正道）

第3話
努力が評価されない！
桃山くん！
この間のプレゼン堂々としていてなかなか良かったよ
パチ パチ
ありがとうございます
パチパチ
何でだよ
パチパチ
どうしてオレじゃないんだ
オレだって何カ月もかけて準備したのに
ギチギチ！
アイツよりオレの方が絶対努力してるのに

同期はどんどん
結果を出して
いるのに…
オレだけ
足踏みなんだよな
何が足りないんだ
ぽん
肩に力
入りすぎだぜ
先輩！
ホラ
ちょっとつきあえよ

しゃけ酒場
いらっしゃいませ
居酒
よーく聞けよ　アツシ
最低限の労力でアジャストするのがスマートなんだよ
昭和の根性論がいいなんてどこのソースだよ
魚
先輩は器用だからできるんですよ
オレは不器用だから
ハツ 350円
レバー 300円
前に先輩に教えてもらった起業家の本も
オレにはピンとこなかったですし
100倍速
スタンフォード式
成長の法則
バカだなあ時代は変わってるんだぜ

今はコレだよ
「仏教」マインド
ビジネスに効く！
仏教の思考術
Buddhism mind
うーん オレ 宗教には興味ないんですよ
倫理の点数も悪かったしなあ
バーカ マインドだよ マインド
成功者はビジネスに仏教的マインドをとりいれてるの！
ガタッ!
そうなのか
マジ「仏教」は間違いないって!!
わかりましたっ〜

ハァ〜
仏教ねぇ…
難しそうだな
ピロン♪
何だろう？
オススメの
イベント？
「若いお坊さんと
話そう！
仏教入門カフェ」
へぇ〜
お気軽に
どうぞ？
行ってみるか

「仏教入門カフェ」？
私で大丈夫かな…
これに出ろ…と？
そうなんだ頼むよ～
唯ちゃんみたいに親しみやすいお坊さんが必要なんだ
面白そうだ出てみるニャ
はい!?
「はい」？ありがとう！
当日は現地集合だからネよろしく
もうッ！猫師！
何事も経験ニャ
どんな人がくるのかしら？

勢いで来たもののの
お坊さんとしゃべるのは緊張するな
仏教はお葬式だけではないんですよ
若い女性のお坊さんなんているのか
あの人なら話しやすそうだな
こんにちは
あの…

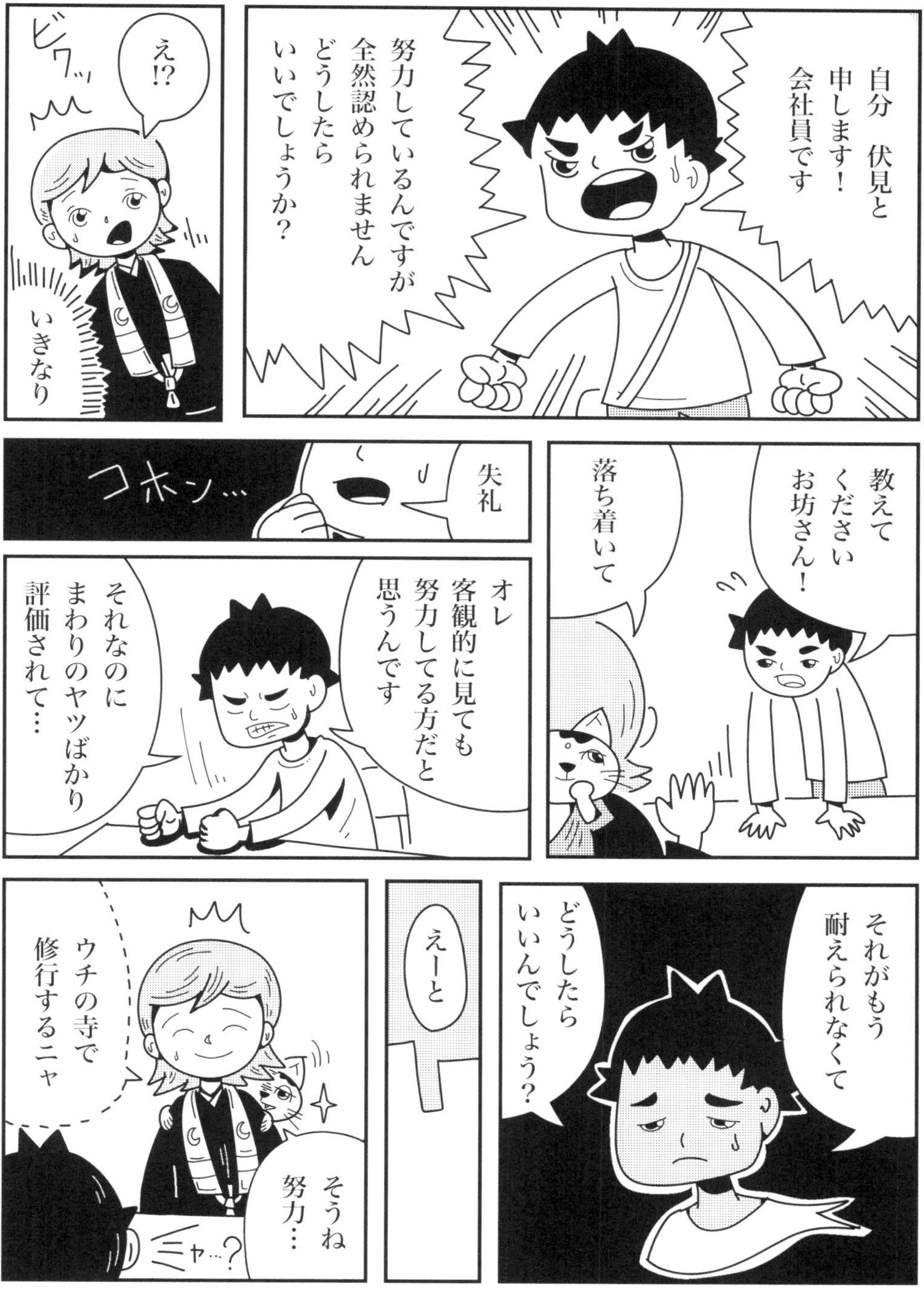
自分　伏見と申します！会社員です
努力しているんですが全然認められませんどうしたらいいでしょうか？
ビクッ
え!?
いきなり
教えてくださいお坊さん！
落ち着いて
失礼
コホン…
オレ客観的に見ても努力してる方だと思うんです
それなのにまわりのヤツばかり評価されて…
それがもう耐えられなくて
どうしたらいいんでしょう？
えーと
ウチの寺で修行するニャ
そうね努力…
ミャ…？

猫師～！
勝手なこと
言わないで
ください！
ヒソヒソ
手伝いが
増えると思えば
いいニャ！
早速　明日の
朝から
来るように！
ドロン
明日の朝
からなんて
無理よ
今のは
冗談ね…
ホホホホ
わかりました
お師匠様
今日は　明日に備えて
早く寝ます！
そして
翌朝――
ゴーン
ゴーン
護経寺

まずは掃除
翌日も掃除…
さらに掃除…
そして4日目
お師匠さん修行させてくださいよ
あら 掃除だって立派な修行よ
それに目立つところばかり掃除してるけど目立たないところは？
もっと広い心で全体を見ないといけないわ
カチン
こんな雑用いくらやってもムダだ！
！
期待したオレがバカだった！

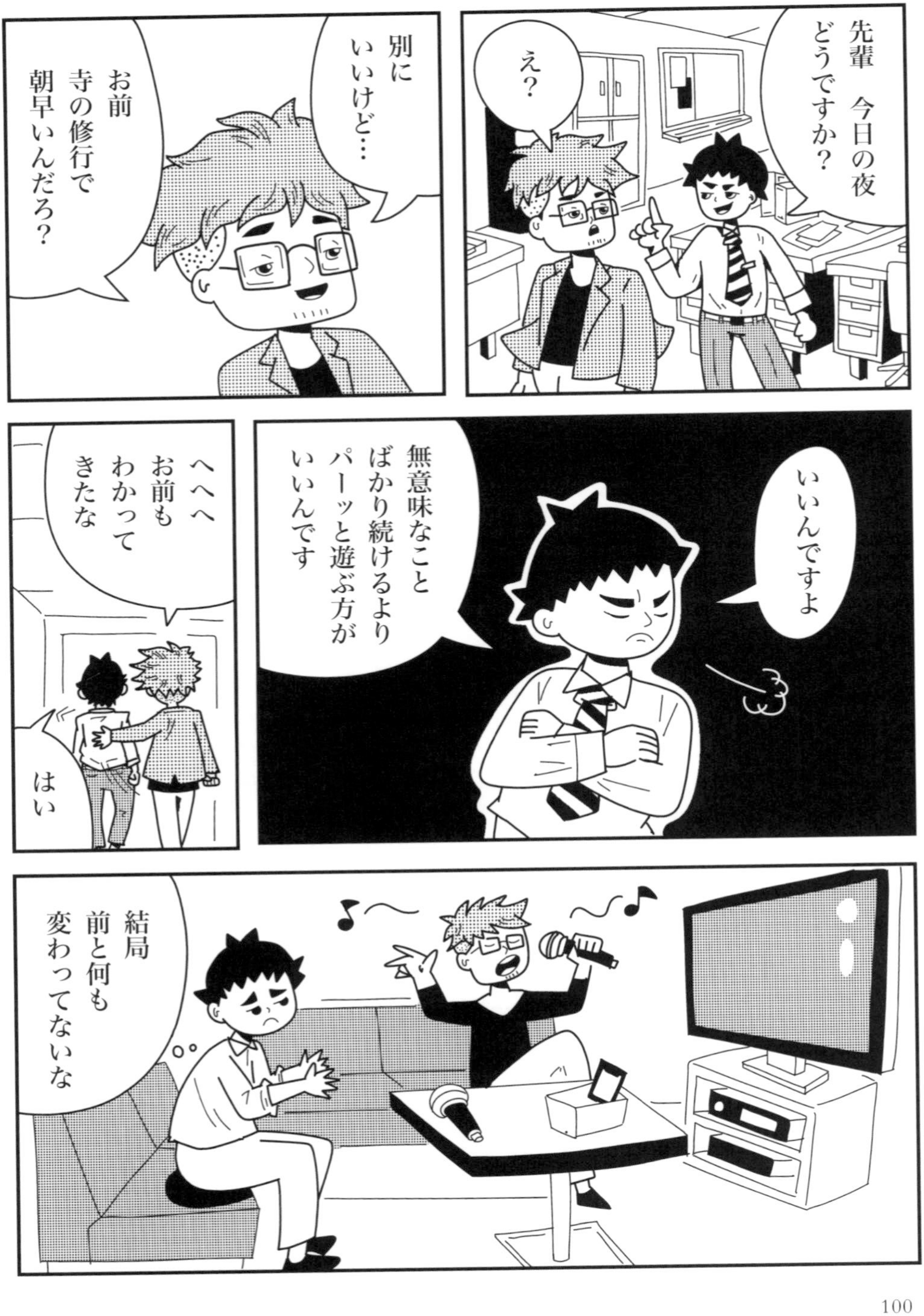
先輩　今日の夜どうですか？
え？
別にいいけど…
お前寺の修行で朝早いんだろ？
いいんですよ
無意味なことばかり続けるよりパーッと遊ぶ方がいいんです
へへへお前もわかってきたな
はい
結局前と何も変わってないな

オレ　何　やってんだろ
あれ？
お師匠さん！　どうしたんですか　明日も早いんでしょ
あら　伏見さん　どうしたんですか？　こんな時間に
掲示板の法語を　考えていたら遅く　なっちゃって…
みんなに　伝える言葉　だからしっかり　選びたいのよ
法語？　どんな言葉　なんですか？

つとめ励むのは不死の境地である
怠りなまけるのは死の境涯である
つとめ励む人々は死ぬことが無い
怠りなまける人々は死者のごとくである
頑張ることが大切なのはみんな知っている
けれどそれをやりきれる人は少ないわ
そうですね…
でも結果が出ないと心が折れますよ

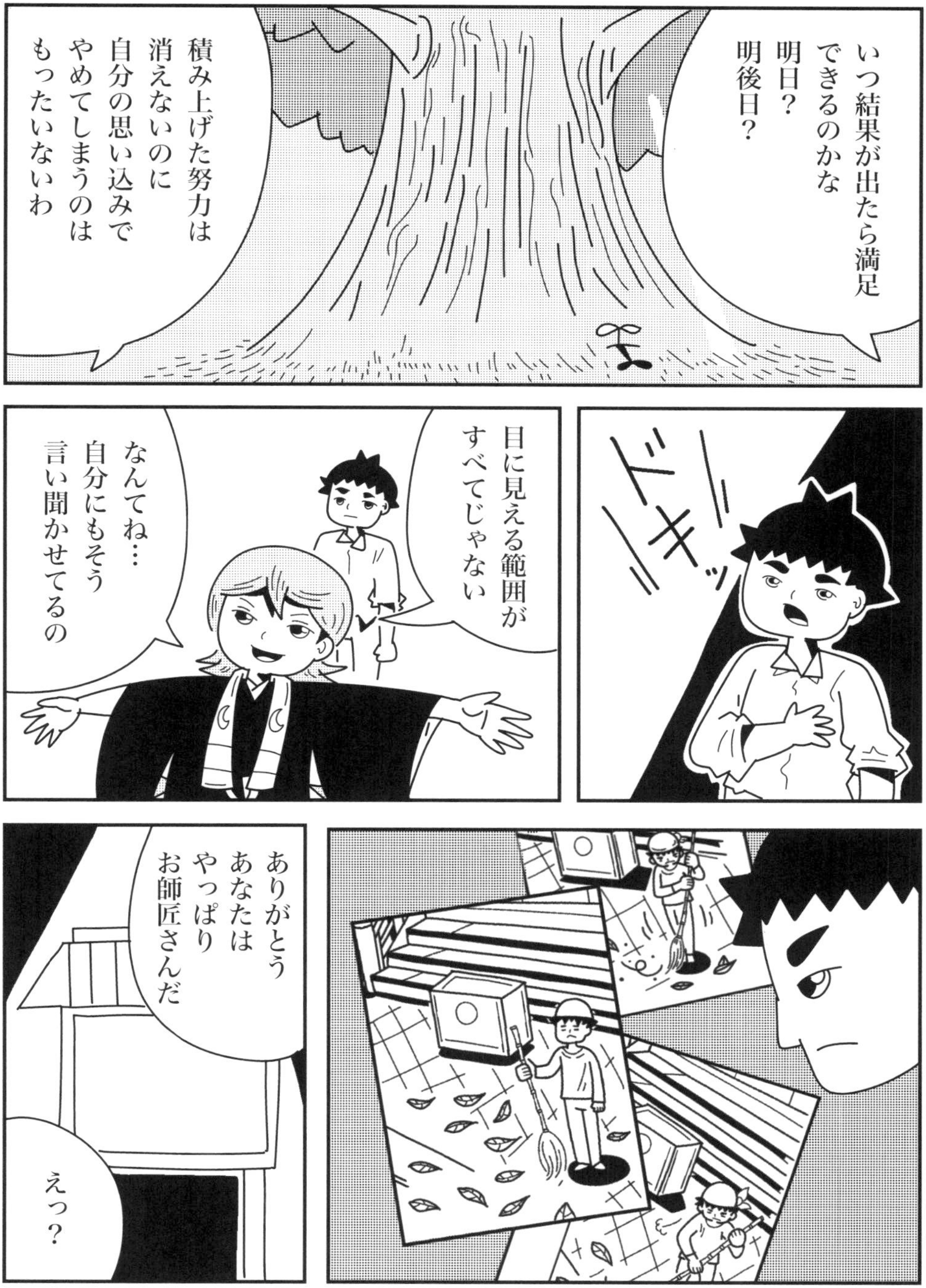
いつ結果が出たら満足できるのかな明日？明後日？
積み上げた努力は消えないのに自分の思い込みでやめてしまうのはもったいないわ
ドキッ
目に見える範囲がすべてじゃない
なんてね…自分にもそう言い聞かせてるの
ありがとうあなたはやっぱりお師匠さんだ
えっ？

お寺での「修行」が
効いたのかどうかは
わからないが
なぜか細部が
気になるようになった
カタカタ
その結果
まわりの環境が変わり
意識が変わり始めた

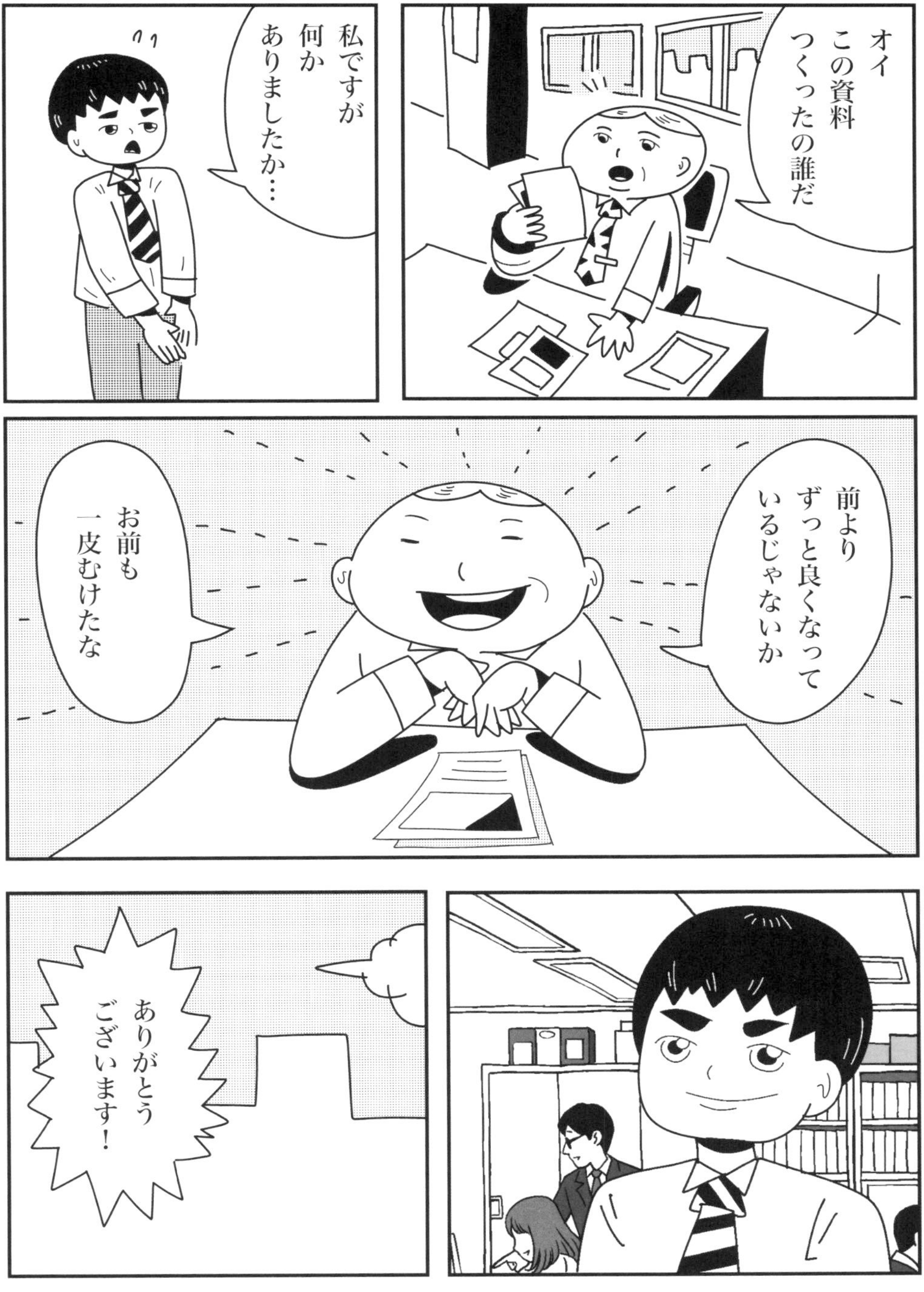
オイ
この資料
つくったの誰だ
私ですが
何か
ありましたか…
前より
ずっと良くなって
いるじゃないか
お前も
一皮むけたな
ありがとう
ございます！

解説

努力の方向性を見直してみる

私たちは、なぜ努力をするのでしょうか。

学校では当たり前のように努力の重要性を教えられます。

素晴らしい未来を手にするためには、不断の努力が必要であると……。

努力を欠かさない人は尊敬を集め、その姿は美しいものに映ります。栄光を手に入れた人物が、成功するまで汗水たらして努力を積み重ねるエピソードは、いつの時代も美談として語られます。人生に努力が求められていることは間違いありません。

しかし、社会に出てからは、事情が変わってきます。

重視されるのは、「努力」という過程ではなく「結果」。

もちろん、努力そのものは尊いことですが、むしろ、それに見合う結果が出たかどうかが問われるようになります。

たとえば、資格試験や会社の入社試験などは、努力したかどうか以上に、合格したかどうか（結果）が問題になるでしょう。

なぜ社会では「結果」が重視されるのか

もちろん、試験に合格するだけでなく、「社会的な評価を高めた」「高い地位を得た」「たくさんのお金を稼いだ」など、他にもさまざまな「結果」があります。

しかし、いずれにせよ、私たちは努力をしたという過程ではなく「結果」で評価されるようになるのです。

なぜでしょうか？

それは、私たちが物事の価値が保証されることに安心感を得るからです。

私たちは、人生において、本質的に何の保証もないところを歩んでいかなければいけません。

努力すれば、必ず良い結果が出る——。

そう信じていなければ、不安なのです。

つきつめて考えれば、努力によって得られる結果とは、私たちの存在証明なのではないでしょうか。その結果をお金や地位に変換することで、ようやく心の安定がもたらされるのです。

だからこそ、結果が伴う努力は美談として称賛され、結果が出なかった努力は「ムダな努力」とされてしまうのです。

仏教における「努力」の目的

仏教では、「努力する目的」は少し違った意味を持っています。

努力するのは社会的な評価や名声を得るためではありません。おおざっぱに言えば、仏教における努力の目的は、煩悩をなくして涅槃《ねはん》を得ること、つまり「悟り」を目指すことです。

自分自身が悟るためであったり、困っている民衆を救うためであったりと、目的は世俗的な価値観とは異なるところにあります。

ブッダや高僧と呼ばれる人たちは、結果的に多くの人の尊敬を集めていますが、名声を得るために研鑽《けんさん》を積んだわけではありません。その姿勢に感銘を受けた人たちが、感動して、自然に集まってきたのです。

だから、名声を得るための手段として仏教を学ぶことは、本質的な部分で本来の在り方とは大きく異なっています。

或る人が、たとい博学であっても、徳行※に専念していないならば、世の人々はかれを徳行の点で非難する。その人の学問は完全に身に具《そな》わっているのではない。或る人が、たとい学問は僅《わず》かであっても、徳行によく専念しているならば、世の人々は、徳行についてかれを称讃する。その人の学問は完全に身に具わっているのである。

『ウダーナヴァルガ』第22章7、8

大事なのはバランス

※ **徳行**…人のためになるような仏道修行。

これは学問について述べたブッダの言葉ですが、努力の位置づけを考える上で重要なので、引用しました。

ここで言う「学問」は、いわゆる学問ではなく、仏道のことです。

たとえ学識豊かでも、自分のためだけに仏道を学んでいるなら、完全に「そなわっている（＝才能や知識が身についている）」とは言えないのではないか——。仏教の姿勢がよくわかる表現です。

つけ加えると、仏教には先人たちが向き合ってきた人間の悩みと、それに寄り添い答え続けたノウハウがたくさん蓄積されています。つまり、仏教は、使い方によっては私利私欲を満たすための非常に強力な「道具」にもなり得るということです。

仏教を語る人が何のために語っているのかは、よくよく気をつけなければいけませんね。

長い歴史の中で、仏教の言葉は多くの人の支えになり、人の心を動かしてきました。だから、その知識を披露する人がいると、ついつい信用してしまうかもしれません。

しかし、それっぽく仏教を語る人が、必ずしも善人であるとは限らないのです。

◯続けられるのは「信じられる」から

努力を続けることは困難の連続です。

誘惑も多く、その道のりは大抵長く険しいものになります。

それでも、これまでたくさんのお坊さんたちが、厳しい修行に必死に臨んできました。

なぜ、そこまでストイックになれたのでしょうか。

努力するための特別な才能を持ち合わせていたのか？

それとも、欲望に打ち勝つ強い力があったのか？

残念ながら違います。

それは、努力する意味をよく理解していて、努力を続けられる環境に身を置いていたからです。

仏教の最終的な目標は、前述したように「悟る」ことです。そして、そのための過程を実践し、体系化したのがブッダでした。

ブッダの示した「悟り」に至る心理的過程や、信仰の対象である仏さまは、いずれも信じるに足るものです。だから、これまでお坊さんたちは、厳しい修行を続けることができたのです。

「信じる力」というのは、極めて強力です。そして、この「信じる力」は努力と極めて強い関係にあります。

人は何もないところで踏ん張ることはできません。言い換えれば、「信じる力」が失われたときが、努力を続けられなくなったときなのです。

実際、私たちの心はとても揺らぎやすく、「信頼」と「疑念」の間を波のように行ったり来たりします。

だから、進むべき道が明らかでも、最後まで信じきることができるかどうかが、最大の難関になってくるのです。

誤解を恐れずに言えば、お坊さんでさえ、ブッダの言葉や仏さまを心から信じることは非常に難しいのです。

○ブッダを誘惑した悪魔の正体

ブッダが悟りに至った道も、決して平坦なものではありませんでした。さまざまな困難や誘惑に襲われたからです。

次に紹介するものは、ブッダが瞑想をしているところにナムチ（悪魔）が誘惑に訪れた場面です。

（悪魔）ナムチはいたわりのことばを発しつつ近づいてきて、言った、「あなたは瘠《や》せていて、顔色も悪い。あなたの死が近づいた。あなたが死なないで生きられる見込みは、千に一つの割合だ。きみよ、生きよ。生きたほうがよい。命があってこそ諸々の善行をなすこともできるのだ。

あなたがヴェーダ学生としての清らかな行いをなし、

聖火に供物をささげてこそ、多くの功徳を積むことができる。

(苦行に)つとめはげんだところで、何になろうか。つとめはげむ道は、行きがたく、行いがたく、達しがたい。」

この詩を唱えて、悪魔は目ざめた人(ブッダ)の側に立っていた。

『スッタニパータ』426、427、428、429

ブッダの瞑想を妨げようとした悪魔は、文字通りの悪魔というより、諸々の誘惑や世俗的な価値観を象徴的に現したものです。悪魔のささやきとは自分自身の心の声だったのでしょう。ブッダはそのような自己に対して、信念と努力と智慧《ちえ》で打ち勝っていったのです。

もちろん、自身の経験から、長く鍛錬を続けることが非常に困難な道であることは、十分承知していました。

だからこそ、弟子たちには、日々励むことこそ重要なのだと繰り返し述べていたのです。自分に負けないように、常に叱咤していたのですね。いつの時代であっても、そして誰に

心の声が聞こえる・・・
サボっちゃえよ
みんなやってるだろ?
誰も見てねえよ

とっても、努力とは茨の道なのです。

放逸に耽《ふけ》るな。愛欲と歓楽に親しむな。おこたることなく思念をこらす者は、大いなる楽しみを得る。

『ダンマパダ』27

ブッダが示した4つの真理

では、ブッダが明らかにした実践の「道」を紹介します。

これは「四諦八正道《したいはっしょうどう》」と呼ばれているものです。

この教えはブッダの最初の説法であると言われており、仏教の基本的な教説になります。

ブッダは、この世にある4つの真理（四諦）を説きました。

①苦諦《くたい》……この世は苦であるという真理

②集諦《じったい》……苦の原因が煩悩であるという真理

③滅諦《めったい》……煩悩を消すことで苦が消えるという真理

④道諦《どうたい》……煩悩を消し、悟りを得る8つの正しい実践法

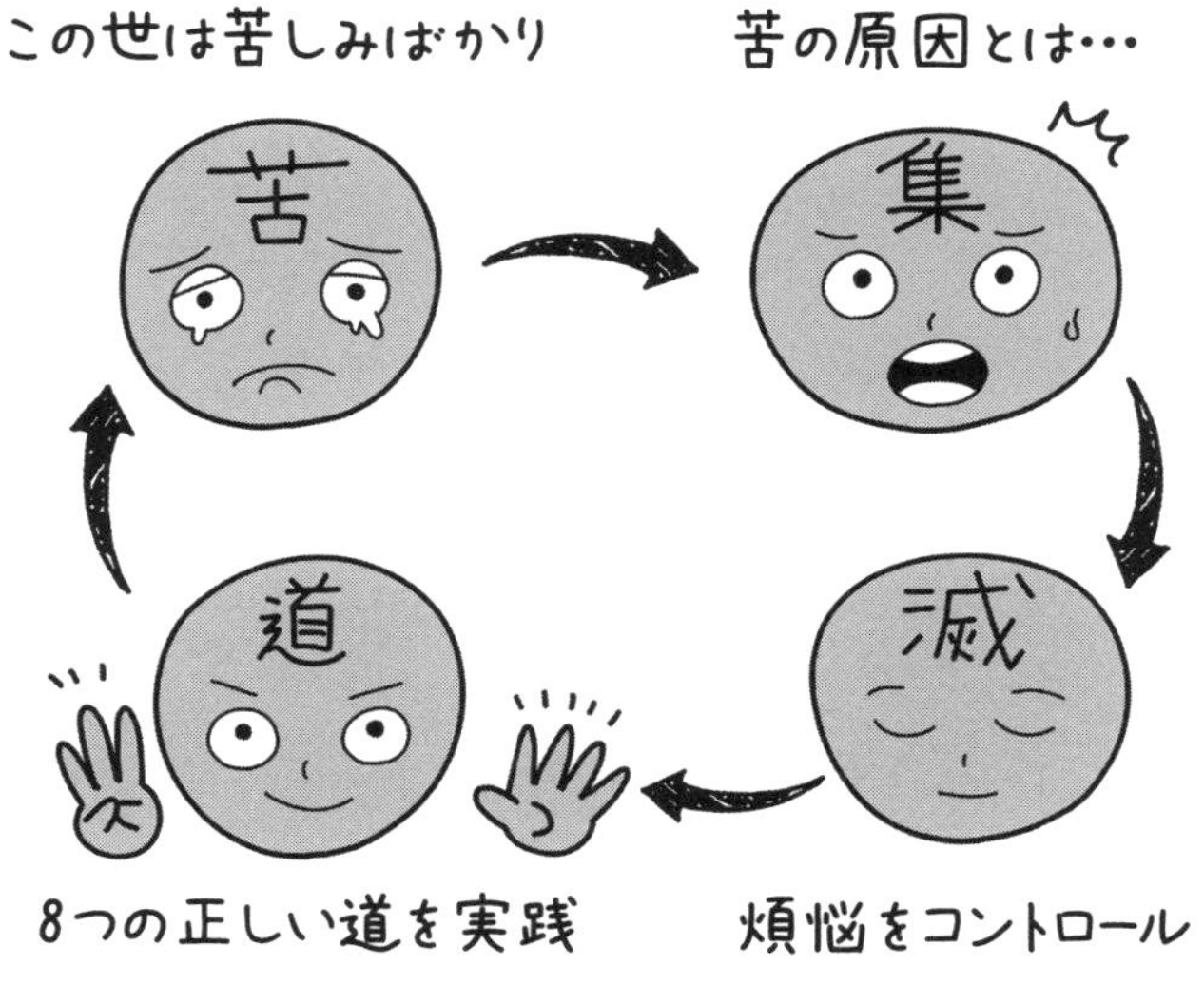

次に「道諦」で述べられている、8つの正しい実践方法（生活態度）です。

①正見《しょうけん》……四諦を踏まえた正しいものの見方をすること
②正思惟《しょうしゆい》……正見にもとづいた正しい考えをすること
③正語《しょうご》……正見にもとづいた正しい語を語ること
④正業《しょうごう》……正見にもとづいた正しい行いをすること
⑤正命《しょうみょう》……正見にもとづいた正しい生活を送ること
⑥正精進《しょうしょうじん》……正見にもとづいた正しい努力をすること
⑦正念《しょうねん》……正見にもとづいた正しい思いを常に忘れないこと
⑧正定《しょうじょう》……正しく心を定めて集中すること、正しい心で集中して深く考えること

いかがでしょうか。

これは、仏教では「八正道」と呼ばれています。

この世の真理を正しく認識し、実践するということです。

私たちがとくに注意すべきなのは、これらを「自分事《じぶんごと》」として受け入れることでしょう。

他人が苦労しているときには「人生はそんなものだ」と偉そうに語るのに、いざ自分が苦労すると、「世の中は間違っている！」と憤る。そんなことはありませんか。

まずは「自分だけは違う」という意識が心の底にあることを自覚することです。物事を正しく見るには、

自分の内面を見直すことから始めなければいけません。

○「目標」に向かう手段を疑ってみる

この「四諦八正道」は、仏教において、悟りに至るための実践法を表したものです。

残念ながら、今の世の中で本気で悟りをひらくことを目指している人はなかなかいないでしょう。大多数の人にとっての関心事は、心身ともに健康で経済的に豊かになることだと思います。

しかし、目的は違っても、「四諦八正道」は、達成困難な目標に向かって努力するプロセスと心構えを記したもの。そこから学べることはたくさんあります。

たとえば、努力が報われないときは、どうすればいいのでしょうか。

「努力しても結果が出ない」のは、とてもつらい状況です。

そんなときは、自分以外の人が輝いて見えるもの。ダメな自分とうまくいっている他人を比べれば、劣等感や虚無感がどんどん増幅していきます。

マンガに登場した伏見君も、視野が狭くなっていました。そして、人を妬んだり、「修行」を途中で放棄したりと、どんどん迷走してしまったのです。

うまくいかないときは、ネガティブな思考が次から次へと浮かんでくるものです。

「評価の基準が間違っているんじゃないか？」

「なぜ、自分じゃなくてアイツが抜擢されるんだ！」

「頑張りたいけど、また努力がムダになるんじゃないか？」

そんなときは、冷静になって次のように考えてみてください。

自分は「目標」に向かって正しく進んでいるのか、と。

努力をするときには、必ず何らかの目標があるはずです。

その目標に近づくための手段は、適切でしょうか。

いくら努力を積み上げても、土台が正しい位置にないと、せっかく積み上げたものが崩れ落ちて、努力が実を結ばなくなってしまいます。

また、あなたが今の方法が最良だと思っていても、もっといい方法があるかもしれません。

○設定したゴールは本当に正しいのか？

手段が間違っていないとしたら、そもそも最初に設定した目標が適切でなかった可能性もあります。

その目標は本当に実現可能な目標でしょうか。

あるいは、あなたが望む方向とマッチしているでしょうか。

このように、「正しい」と信じていたことが自分の思い込みではないか、もう一度見直してみましょう。

「努力」と聞くと、私たちは実際に手を動かすことを考えが

ちです。手を動かすことは、本人にとっても何となく努力をしている実感があります。頑張っている高揚感を味わうこともできるでしょう。

しかし、繰り返しになりますが、誤った道筋をいくら進んでも、目的地に到着することはできません。思いつきで目標を決めたり、間違った方法で努力を重ねたりしても、後々つらい思いをするだけです。

手を動かすのと同じくらいの熱意で、目標や手段について考えることも大切なのです。

報われなかった努力はどこに行く?

「ずっと頑張ってきたけど、あきらめることにしました。今まで私がしてきた努力はムダだったのでしょうか……」

以前、こんな相談を受けたことがありました。

「あきらめる」という行為には、ネガティブな印象があります。

何かをあきらめるのはとても悔しいことですし、あきらめると決めた後は大きな虚しさに襲われるでしょう。しかし、目標と自分の距離感を考え、行動を改めることは勇気ある選択です。決してマイナスなことではありません。

みなさんもお気付きかもしれませんが、「あきらめる」は「諦める」と書きます。そして、この「諦」という字は、先にご紹介した4つの真理「四諦」の「諦」、即ち真理を表す漢字です。

自分自身を見つめ直し、「あきらめる（諦める）」ことは、執着の心から離れて、一歩真理に近づく大きな前進なのです。

では、目標に向かって積み上げた努力は、どこに行くのでしょうか。

仏教の基本的な考え方の1つに、「縁起《えんぎ》」というものがあります（→第4章）。すべての物事には原因があり、その原因がもとになって、何かしらの出来事（結果）が起こるという考え方です。

原因のない結果は存在し得ないし、結果を伴わない原因もまたあり得ない。だから、努力したことも、決してムダにはなりません。必ず何かしらの結果を生み出す力があります。

あなたのこれまでの努力はきっと出番を待っていて、意外な場面であなたの力になってくれるでしょう。

まとめ

私たちは、努力は結果を得るためのツールの1つであると認識しています。また、努力とは望みを叶えるための対価であるとも考えがちです。

100円を払えば100円の品物が手に入るように、100の努力をすれば、100の結果が返ってくる。

そんなふうに考えてはいないでしょうか。

反対に、努力に見合わない結果しか返ってこないと、なぜか損したような気分になっていませんか。

でも、努力すれば必ず結果がついてくるとは限りません。

なぜなら、この世界では、思い通りにならないことこそが真理だからです。

もちろん、努力が報われて、結果が実を結ぶこともあるでしょう。しかし、そういうとき、何か大事なことを見落としてはいないでしょうか。

目標を達成できたことは、もちろん本人の努力によるものでしょう。でも、実は知らないところでまわりに助けられていることも多いのです。その幸運と縁を当たり前のことだとは思わないで、感謝の心を忘れないようにしたいものです。

ブッダはこんなふうに言っています。

つとめ励むのは不死の境地である。怠りなまけるのは死の境涯である。つとめ励む人々は死ぬことが無い。怠りなまける人々は、死者のごとくである。

『ダンマパダ』21

私たちの心は不安定で、ひとたび誘惑に打ち勝ったとしても、次の瞬間、また別の危機に襲われます。

心は未完成で、人生を賭して徐々につくられていくものなのでしょう。だからこそ、日々努め励みながら心をアップデートしていかなければならないのです。

コラム 3

心をまっすぐにする　ブッダの言葉

まっすぐ自分の足元だけを見つめよう

他人の過失を見るなかれ。
他人のしたこと
しなかったことを見るな。
ただ自分のしたことと
しなかったことだけを見よ。

『ダンマパダ』50

訳　他人の過ちは気にするな。他人のしたこと／しなかったことではなく、ただ自分のしたこと／しなかったことだけを見よ。

私たちは他の人の失敗にはよく気がつき、あれこれ言いたくなるものです。

しかし、誰かの揚げ足を取って優越感に浸ったところで何かが変わるわけではありません。

あなたの能力が上がるわけでも、あなたの欠けている部分が埋まるわけでもないのです。

自分の足元をしっかり見直すことで、あなたの心は成長するのです。

第4章

「運命の人」に出会えない（縁）

世を憂いたお釈迦さまは29歳のときに出家したという
私、ずっと1人なの？
第4話
ガッタン
今しか出会えない人がいるLOVE婚
パートナーズ
理想の出会
マッチ×マッチ
今年そのときのお釈迦さまと同じ年になった私は何となくソワソワしている
ピロン！
じゃ、またね！おやすみ。
直
来週さあ婚活パーティーがあってさ一緒に行こうよ今度は…間違いないよ！
直美必死だなァ
今月何回目よ
いや…
29だし
やはりあせるべきなのか？

うーん…
これを逃したらダメ
ラストチャンス!!
それに女性はタダ!
直
チャンスは まだあると 思うけどな
30代からの婚活
人生で一番若いときは いつだと思いますか?
「今」より若いときは もう来ない
うーむ
ご飯食べに 行くだけだから…
直
ね、行こう! 絶対楽しいし
京
わかった。行く
って誰に 言い訳してんだろ 私…
東二条駅

みんな気合い入ってんなぁ
私…地味すぎ…？
マチコン
おーい京子！
遅いよ　直美　自分が誘ったくせに！
ちょっとー！
ウフフフフ
10分遅刻はセーフでしょ
あれ？その人は？

直美ちゃんの友人の唯です
アハハハ…
京子です よろしくね 唯さん
さすがにカジュアルすぎない？
女性3人で参加しないと無料にならないのよ
1.ワタシ
2.京子
3.× 唯
声をかけた子にドタキャンされたから唯に来てもらったの
みんなHAPPY!
直美はチャッカリしてるわネ
はは…
さあさあ仲間内の話はこれくらいにして
幸せを勝ち取りにいくわよ！

何だか疲れちゃったな
2人はどうしてるんだろう?
このお寺の大仏は素晴らしいです
大仏
へえー
大仏?
唯さん相手ひいてるじゃない
ちょっと直美…
1人だけずるいなあ

ごめん 2人とも 私 2次会に 行くから
今夜は ここで 解散ね！
ハイハイ 直美はいつも マイペースね
京子さん 帰りましょ
ハァ〜 ダメね 私って人の 悪いところにばかり 目がいっちゃうの
私も ああいう場所 苦手でした…
すっかりトキメキを なくしちゃったわ 年をとったって ことかしら？
そんなこと ないですよ
あ 京子さん ウチはここです
護経寺

唯さんの家って
お寺なの？
京子さん
せっかくですし
良かったら
あがって
いきませんか？
いろいろ
たまっている
でしょう？
私だけだから
気づかいは
無用ですよ
ありがとう
でも…
今日は
1人になりたい
気分なの

京子さん行っちゃった
仕方ない
相手が話す気にならないとどうしようもない
まだ関係を築くタイミングじゃないんだニャ
こんな私でも今まで結婚を意識したことが何度かあった
学生のときからつきあっていた彼氏や社会人になってから出会った人…
でも　結局「忙しい」「何となく合わない」という理由で別れてしまった

愛する人々と離れるが故に
また　愛しない人々に会うが故に
はげしく憂いが起る
それによって人々は
老いやつれてゆく
『ウダーナヴァルガ』第5章6
本来　縁に良し悪しはない
あるがままなんだニャ
しかし人はそこに
良し悪しをつくり
自らの束縛で
自らを傷つける
見誤った良縁は
追えば追うほど
苦しくなるものだニャ
ピロン！
今日はありがとう
今度お茶でも
しませんか？
あれ？
どの人だっけ？

これって
きっと
チャンスよね
COFFE
CAFFE LATTE
ESPRESSO
京子さん
来てくれて
ありがとう
ニコッ
こちらこそ
お誘いありがとう
ございます
この人
悪い人では
ないんだけど
へぇー!スゴい!!
自分の話
ばっかり
なのよね…
うーん
やっぱり
何か違う!

ギャ
ワイ
ワイ
キャ
ボソ…
どこかにいい人いないかな
いや 待って このままいくと…
私 もしかして 一生1人なの？
怖くなってきちゃった 誰かと話したい
直美は何してる？
誰か——

猫師もお掃除手伝ってくださいよ
どうやら機が熟したようだニャ
え？
しっかり導いてやるニャ
ドロン!
こんにちは
あら　京子さん
待ってましたよ
さああがってください
ありがとう

唯さんは
こんな広い家に
1人でいて
怖くないの？
京子さんは
そう感じることが
あるんですか？
このまま
良縁に恵まれず
時が過ぎて
いったら…
私はずっと
1人なんじゃないか
そんなふうに
思うことがあるの
京子さん
縁はいきなり現れる
魔法じゃないんです
原因があるから
縁が生まれるの
そこに良し悪しの
色をつけるのは
私たちの卑しさです

これからの縁は
これまでの因が
必ず導いてくれる
それを信じて
じっと「待つ」ことが
できるかどうかですね
そんなふうに
考えたこと
なかった
動かなきゃ
いけないと
思ってたわ
「待つ」ことが
できなくて
動きまわると
かえって苦しくなる
そうか…
種は私の中に
もうあるのね
安心したわ
わかった
だったら今は
未来の私に何か
プレゼントして
あげよう
半年後——

みんな
ありがとう
まさか直美が
あのときの人と
結婚するとはね
でも
幸せそうで
良かったですね
私たち
にも
感謝し…
京子!
久しぶり…
元気そうだな
ビックリした
何年ぶり?
あなたも
元気そうね
すっかり
落ち着いたよ
実は今度…

さっきの人
誰なんですか
学生時代の
知り合いってとこ
え〜
何だかあやしいな
ブル
あっ！
噂をすれば
あの人でしょ!?
フフフ
これからの縁は
これまでの
因が導くか…

解説

良縁を望む前に「心のメモリー」を知ろう

ここ最近、日常のごく自然な会話の中で、「ご縁」という言葉を使う人が増えているように感じます。

私は、この「ご縁」に仏教的な意味合いを強く感じているのですが、使っている人には特段そういった意識はなく、一般的な言葉として口にしているようですね。

「ご縁」には、単なる「つながり」という言葉よりも、運命的で奥行きのある感覚が含まれています。

また、お断りの文書に「ご縁がありませんでした」と添えれば、個人の好き嫌いを超えた超宇宙的な作用によってやむを得ず……といったニュアンスが入り、相手を極力傷つけないよう配慮することもできます。この近すぎず遠すぎずの距離感が、現代人にとって心地良いのでしょう。

もう1つ、「ご縁」の流行を感じることがあります。

私は京都に住んでいるのですが、縁結びを謳《うた》う寺社仏閣は、連日大変な賑《にぎ》わいを見せています。

世間では宗教離れ・寺離れが進んでいると盛んに言われていますが、それでも良縁を求めて多くの方々が真剣にお参りに訪れているのです。葬儀のような伝統的な宗教儀礼はどんどん縮小されているというのに……。不思議なことです。

僧侶としては、動機は何であれ、お寺に参拝していただけるのは喜ばしい限りです。しかし、一方で違和感も覚えます。なぜなら「ご縁」の正しい意味が誤解されているように感じるからです。

○縁とは「ビリヤード」である⁉

「ご縁」は仏教の根本的な考え方の1つです。

「縁」とは、広い意味で結果を引き起こす要因のこと。

言い伝えによると、ブッダが悟りを開いたのは、「縁起の法」という真理に到達したからだと言われています。

「縁起の法」は、物事はそれ単独で存在しているのではなく、原因と結果によって生じている、そして、すべての物事は「縁」によって互いに関係し合っている、というものです。

私はこのテーマについて考えるときに、いつも「ビリヤード」をイメージします。

台の上で、ある球がキュー※によって撞《つ》かれたことをきっかけに、球同士が互いにぶつかり合って運動している様子です。

たとえば、キューで撞いた球Aが球Bに衝突したとしましょう。球Bが転がったのは、球Aが原因です。しかし、衝突された球Bもまた、別の球Cを動かすかもしれません。つまり、「何かの結果」は「何かの始まり」なのです。

球の衝突を1つずつ丁寧にたどっていけば、球が動いた最

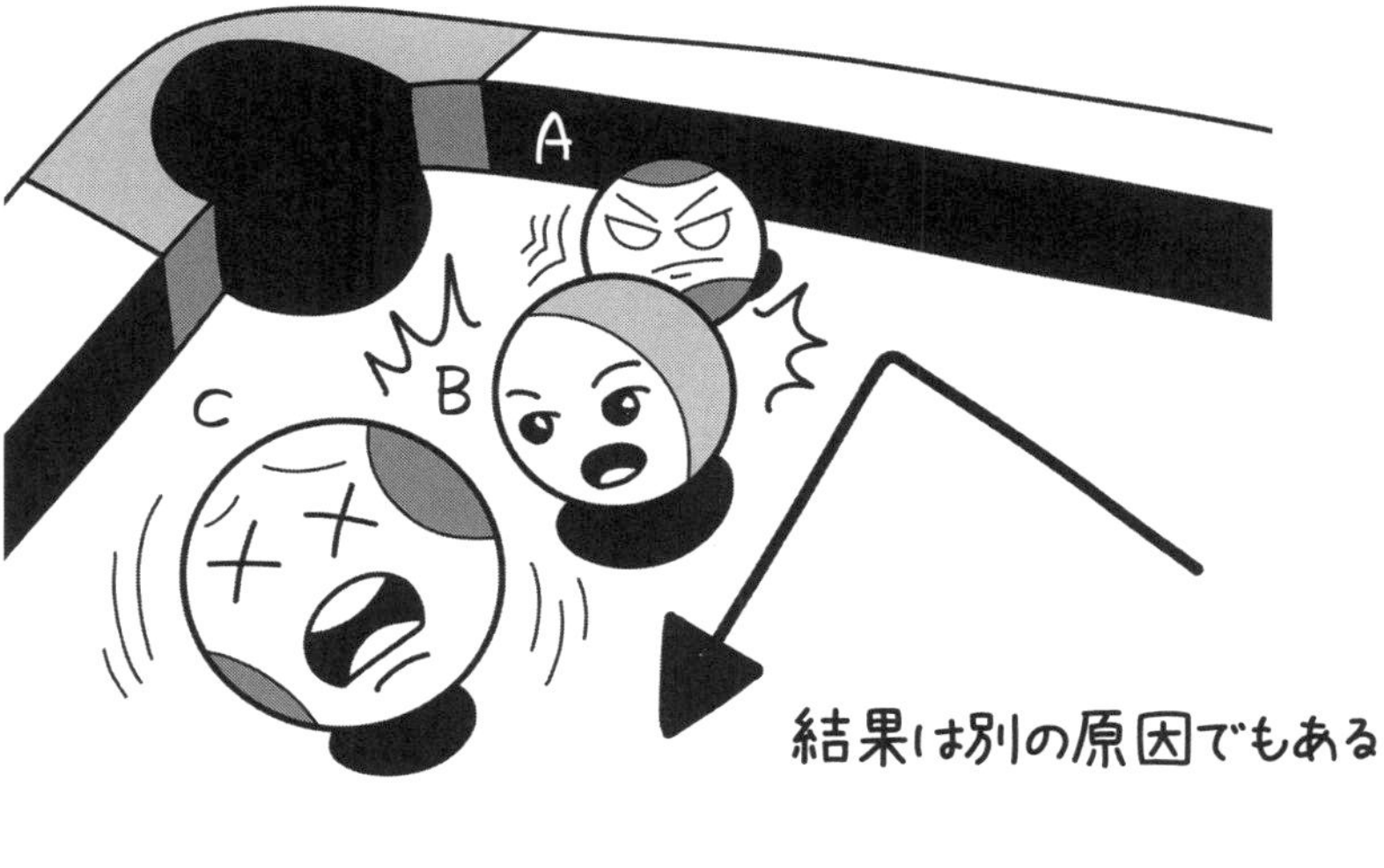

※ キュー…ビリヤードで手球を撞く棒のこと。

初のアクションを突き止められるはずですよね。

そう、最初にキューで球を撞いたアクションこそが、この台の上で発生した一連の動きの始まり（原因）でした。

私たちの行動も同じです。

「働いた」から「お腹がすく」、「お腹がすいた」から「食事をする」、「食事をする」から「働ける」……。

1つひとつの行動をさかのぼると、すべての事柄がつながっていることがわかりますね。これぞ「ご縁」なのです。

○苦しみは私たちの内側からやってくる

ブッダは、この考え方を私たちの心の作用にも当てはめました。

精神を集中し、湧《わ》き上がる煩悩を徐々に深くさかのぼっていったのです。そして、苦しみが生じるのは「人間が真理に対して無知である（無明）」からだということを突き止めました。この無知をなくすことで、私たちは苦悩の連鎖から解放されることを明らかにしたのです。

これは、私たちが抱えている苦悩が、心がざわついたとき

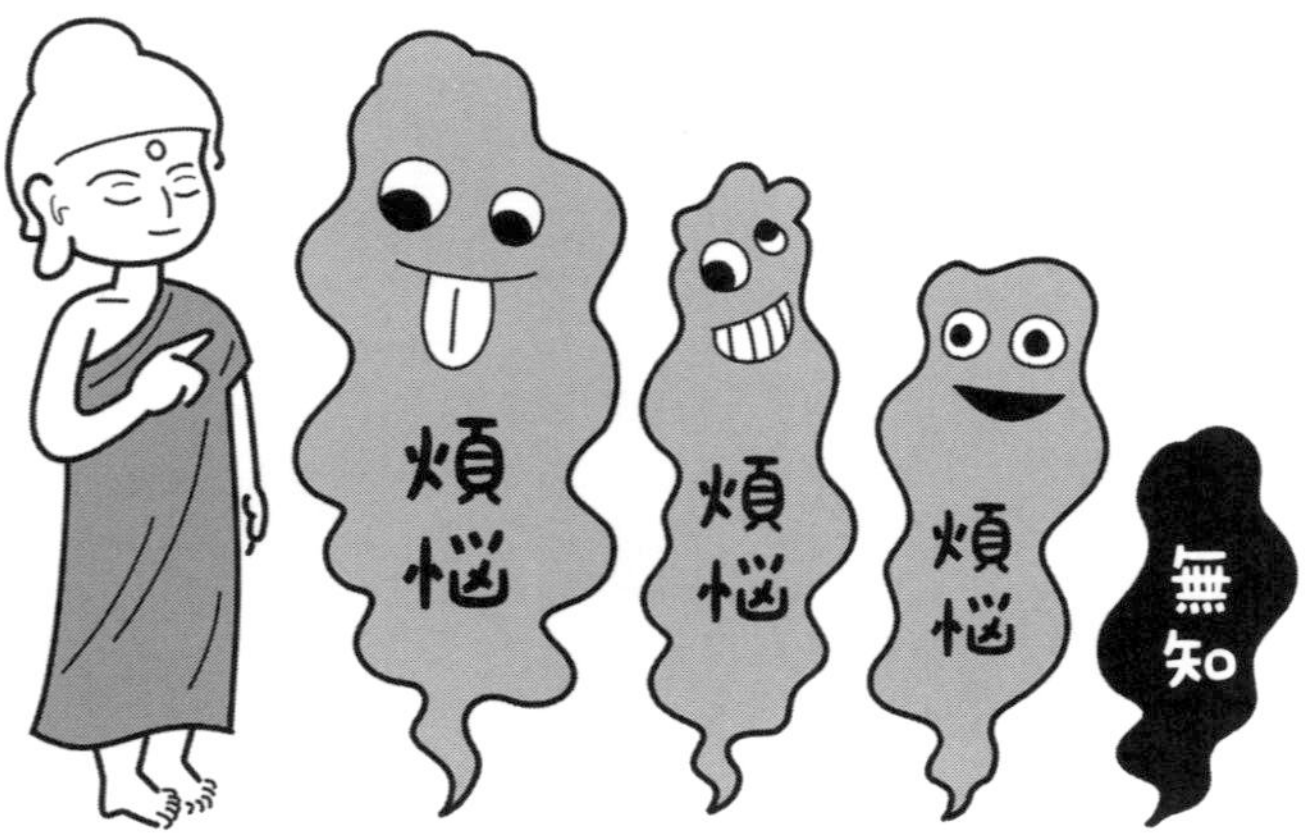

に連鎖的に生まれてくることを意味しています。

ブッダは、「煩悩があるから苦しみが生じるのである。では、煩悩がなければ苦しみは生まれないだろう。ならば煩悩を消滅させれば、苦しみも自ずと消滅するはずだ」と考えました。

要するに、物事は必ず起こるべくして起きる原因がある。反対に原因がなければ、その物事は起こらないとも言える。「苦」に関しても、何もないところから苦痛が生じるのではなく、苦痛を感じる私たちの心に原因があるということ。それなら、心を抑制することができれば「苦痛」も生じないということです。

たとえば、何かイヤなことがあって、イライラしたので母親に八つ当たりをしてしまった。その結果、ケンカになってさらに腹が立ってしまった……。こんなことがあったとしましょう。

このとき、最初に起きたイヤなことを自分の中で受け止め、イライラを抑制することができていたら、どうだったでしょうか？

八つ当たりは起きず、ケンカも起きなかったでしょう。

当然、余計に腹が立つこともなかったということですね。

ブッダは恋愛に否定的だった⁉

こうしてブッダの「縁起の法」を確認すると、私たちが使う「ご縁」とは、ちょっとニュアンスが異なることがわかるでしょう。

私たちはよく、「良縁」や「悪縁」という言葉を使います。「ご縁」という言葉を使うときには、「良縁」を指すことがほとんどではないでしょうか。わざわざ「悪縁」と結ばれるために寺社にお参りする人はいません。

しかしブッダは、縁を「良縁」と「悪縁」に区別したわけではありません。

事柄は事柄として起こるだけ。私たちが、縁によって起きたことに対して、自分の都合で良し悪しの色を付け加えているだけなのです。

「縁」を良い悪いで区別する最たるものが、恋愛ではないでしょうか。本章のマンガも、恋愛や出会いを通して登場人物が「ご縁」について考えていました。

実はブッダの言葉からは、「恋愛」を推奨している意図を読み取ることはできません。

愛する人と会うな。愛しない人とも会うな。愛する人に会わないのは苦しい。また愛しない人に会うのも苦しい。
『ダンマパダ』210

ブッダは人を好きになることで、苦しむ機会が増えてしまうことを指摘しています。根元的な苦である四苦（生老病死）に、さらに4つの苦を加えた「四苦八苦」にも、次のような項目があります。

①愛別離苦《あいべつりく》……愛するものと別れてしまう苦
②怨憎会苦《おんぞうえく》……憎んでいる相手と会う苦
③求不得苦《ぐふとくく》……求めているものが得られない苦
④五蘊盛苦《ごうんじょうく》……思うままにならない苦

他にも、人を好きになれば、嫉妬や独占欲、相手が振り向いてくれないことへのやきもちなど、ネガティブな感情が

次々に生まれます。これではとても集中して修行することはできませんね。恋愛に夢中になると、勉強が手につかなくなるのも納得です。

恋愛は心のメモリーを消費する

パソコンのハードディスクと同じように、人間の心にも使用可能なメモリー（容量）があります。そのメモリーは、考えることによって使われます。

恋愛中は、相手のことばかり考えますよね。

「好きな人がよく聴いている音楽」「好きな人が喜びそうなこと」「好きな人と行きたい場所」「好きな人と過ごす時間の妄想」「好きな人は今、何をしているのか」など……。

そう、恋愛はめちゃくちゃメモリーを消費するのです。

だから、失恋のダメージもすさまじい。それだけメモリーを費やしていたコンテンツが破損するのですから、心にポッカリと穴が開いてしまうのも当然でしょう。

では、恋愛によって起きるさまざまな煩悶から自由になりたければ、どうしたらいいのでしょうか？

無理に良縁を引き寄せる必要はない

ブッダは言っています。

それ故に愛する人をつくるな。愛する人を失うのはわざわいである。愛する人も憎む人もいない人々には、わずらいの絆が存在しない。『ダンマパダ』２１１

愛する人をつくらなければ、恋愛で思い悩むことはない。

これがブッダの結論です。

何という極論！

しかし、確かにその通りかもしれません。

恋愛で心をすり減らすというのなら、その「コンテンツ」をダウンロードしなければいいわけです。

しかし、昔から「恋は落ちるもの」と言われます。「ご縁」があれば、人を好きになってしまうのは必然でしょう。その気持ちを抑制し、コントロールするのは簡単なことではありません。

これはなかなか厄介な問題です。

しかし、だからこそ「ご縁」を手当たり次第に引き寄せようとする行為は慎むべきです。

恋愛がうまくいかない人が、よくこんなことを言います。

「良縁を引き寄せるために、もっと行動しなくちゃ！」

確かに行動は大切でしょう。でも、ちょっと待ってください。

あせる気持ちはわかりますが、いかに「良縁」と言えど、無理に詰め込めば互いに悪影響を及ぼします。

それに、あなたの心のメモリーは大丈夫ですか？

きちんと「空き（余裕）」はありますか？

心が発する容量オーバーの警告を無視していませんか？

◯「ご縁」とのつきあい方

私は「ご縁」や恋愛について、こうすれば絶対にうまくいくという答えを聞いたことがありません。

文字通り「縁」によって運命的な出会いをして、あっという間に恋愛が成就する人もいれば、一方でなかなか成就しない人もいます。

ただ、仮に成就したとしても、どの縁がどう作用したのかはわかりません。

あらゆる「縁」を1つずつ解き明かせばハッキリするのかもしれませんが、それはもはや森羅万象あらゆることを解明する行為に等しい。少なくとも、現実的ではありません。

仮に「ご縁」の謎が解明されているなら、今日のようにたくさんの恋愛ハウツー本が出回るはずがないのです。

ですから、「ご縁」のメカニズムは、私たちの理解の及ばぬ領域のことであるとしか言えません。

もし、あなたがブッダの言葉に「ご縁」を意のままに操る術を期待していたのなら、そんな方法はないと思ってください。それらしきものがあっても、その方法は「まやかし」です。

私たちには、「わからないことがあっても、わからない中で生きていかなければならない」という現実があります。この現実から目を背けると、新たな苦悩が生み出されてしまうでしょう。

もう一度、繰り返します。

「縁」をコントロールすることはできません。

そして、「縁」には良い・悪いの性質はありません。

良縁も悪縁も、それは等しく「ご縁」なのです。

都合良く「良縁」だけをおねだりするのは、我々のエゴでしょう。

神仏はそんな自分勝手なエゴを正当化するための存在ではありません。心を抑制するときの支えとして、そして、つらいことを飲み込むときの支えとして、私たちを手助けしてくれる存在なのです。

寺社仏閣へのお参りでも、ただ「良縁」を願うだけではなく、しっかりと自分自身を省みることができれば、さらに意義深いものになるのではないでしょうか。

まとめ

悲しいかな、私たち1人ひとりは非力な存在です。

世の中を思い通りに変える力などありませんし、「ご縁」をコントロールすることもできません。

でも、私たちにもできることが、1つだけあります。

それは、自分の心を変えること。そのためには、まず自分の心の「メモリー（容量）」を知ることです。

普段、私たちは心のメモリーをあまり気にかけません。だから、ついつい詰め込みすぎてしまいます。

そして、イッパイイッパイになったときに、初めて容量オーバーになっていることに気付くのです。

ブッダの修行とは、要するに心の〝メモリー整理〟でした。自分の心にアクセスして、その状態を見つめ直し、不要なコンテンツを1つずつ削除していったのです。

心に翻弄されるのではなく、あなたも心をもっと観察しましょう。そして、根気良く自分の心に向き合っていきましょう。私たちは、自分の心と一生おつきあいしていかなければならないのですから。

そして、たまには心の声を聞いてあげてください。

心を知り、心を直せば行動が変わります。行動が変われば「ご縁」が変わります。

ひょっとしたら、これまで紡《つむ》いできた「ご縁」があなたを助けてくれるかもしれません。

今まで必死に生きてきた自分自身の歩みも信じてあげてくださいね。

第5章

「自分らしさ」がわからない（諸法無我）

「本当の自分」はどこにいる？
第5話
あったあった
わ〜懐かしい！
この曲私が学生のときにはやったの
青春がよみがえる！
懐かしい思い出というのはやたらと美化されるニャ
良い思い出ばかりじゃない後悔していることもあるわ
後悔？
あのときの私が仏教に出合っていたら…
「彼」にもっと別の言葉をかけてあげられたかもしれない

このゼミ選択は就活にも大きく影響します
自分が将来何をしたいのかよく考えて決めるように…以上！
ハ〜もう就活かぁやだな
唯ちゃんは何かやりたいことあるの？
うーん私は…
唯（大学3年生）
おじいちゃんのお寺は心配だけど私にお坊さんなんて無理だし…
まだ悩んでるの
唯ちゃんやさしいからカウンセラーとかいいんじゃない？
ええッ!?

唯ちゃんも
悩んでいるの?
実は
オレもなんだよ
十条君は
成績優秀
じゃない!
どうして?
みんなと同じように
しろとか
1人だけ勝手な
ことをするなとか
自分の個性を表に
出さないように
言われてきた
それが急に
「自分らしさ」って
言われてもね
どうすれば
いいのかよく
わからないよ
このとき
私は彼が本気で
悩んでいるのだと
わかった

十条君の個性を生かせばいいんじゃないかな…
だけどどう答えていいのかわからず当たりさわりのない言葉で逃げてしまった
そうだな
オレの個性ね…
うん　ありがとうそれじゃ
あっ　ねぇ待って！
彼はその後大学を休学して自分探しの旅に出た
そして今日まで一度も会っていない

ふーん そんなことが あったんだニャ
今だったら どんな 言葉をかける？
うーん…
私は今だに「自分らしさ」って よくわからないの
私自身 自分らしく 生きているかどうか わからないしね
「お坊さん」は 個性じゃ ないのかニャ
？
お坊さんは たまたまご縁が あったから なれたわけで
私の「個性」とは 違うと思うの

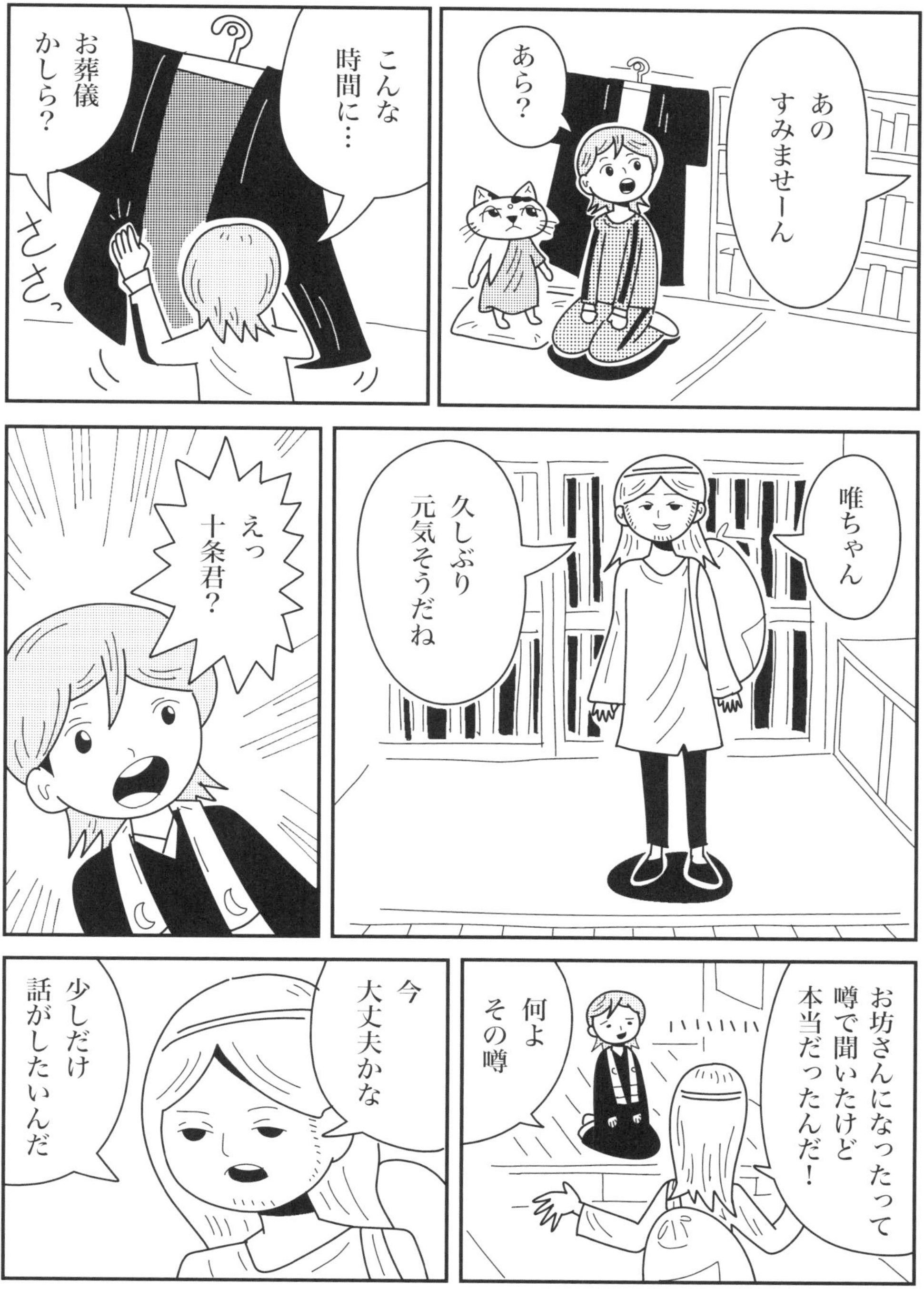
あの
すみませーん
あら？
こんな
時間に…
お葬儀
かしら？
ささっ
唯ちゃん
久しぶり
元気そうだね
えっ
十条君？
お坊さんになったって
噂で聞いたけど
本当だったんだ！
何よ
その噂
今
大丈夫かな
少しだけ
話がしたいんだ

あの後…世界中を旅したよ
なりゆきでインドでヨーガの修行もしたんだぜ
まあ　悟りは得られなかったけどね
いろいろ経験したのね
それで？「自分らしさ」は見つかった？
学校にも企業にも属さずに自由な立場で自分がどんな人間なのか考えてみたんだ
何かがつかめたような気がして日本に帰ってきたけど…
オレの勘違いだったのかもしれない

こっちで何かあったのね
やっと胸を張って働けると思って
一般企業の採用面接を受けたんだ——
面接で何度も聞かれた
ではあなたが思う自分の「個性」って何ですか？
ドキドキ
個性？人との違い？
自分のセールスポイント？
ドキ
わかりません…

結局どの会社にもひっかからず今は派遣の仕事で何とかやってる
そっか…
ポチャン…
そこで改めて思ったんだ
オレは一体どんな人間なんだろう
そこがハッキリしないと誰にも認めてもらえないような気がする
その答えを見つけるために昔の知り合いを訪ねてまわっているんだ
どんな人間?
難しい問題ね…

ワッ
さっき言っていた「自分探し」の男か
ボーン!!
ポカーン
急に出てこないでよ
ヒソヒソ
ごめんなさい ちょっと独り言
ホホホホホホ
あー はずかしい…
その猫は何? 人の言葉を話してる!!
え!?
十条君 猫師が見えるの?
ムカッ!
もしかして化け猫?

唯さんの先生でしたか大変失礼しました…
私にしか見えないはずなのに…
それにしてもどうして十条君には見えるの？
もしかしたらヨーガの修行の成果かも
そんなことはいい話は聞いたニャ
コホン
君はなぜそんなに「自分」にこだわるんだ？
なぜって…「自分らしさ」を生かすことは
世の中で必要とされているからじゃないですか

社会に出ると
みんなが言う
自分らしさ
個性や
自分らしさを
大切にしろと
唯ちゃんだって
女性僧侶っていう
個性的な生き方を
してるじゃないか
それは
違うわ
個性として
僧侶を選んだ
わけじゃない！
君が探している
「自分」がなぜ
見つからないのか
教えてやるニャ
自分が
見つからず
苦しんだのは
君だけじゃない
先達は
答えを出している
答え？

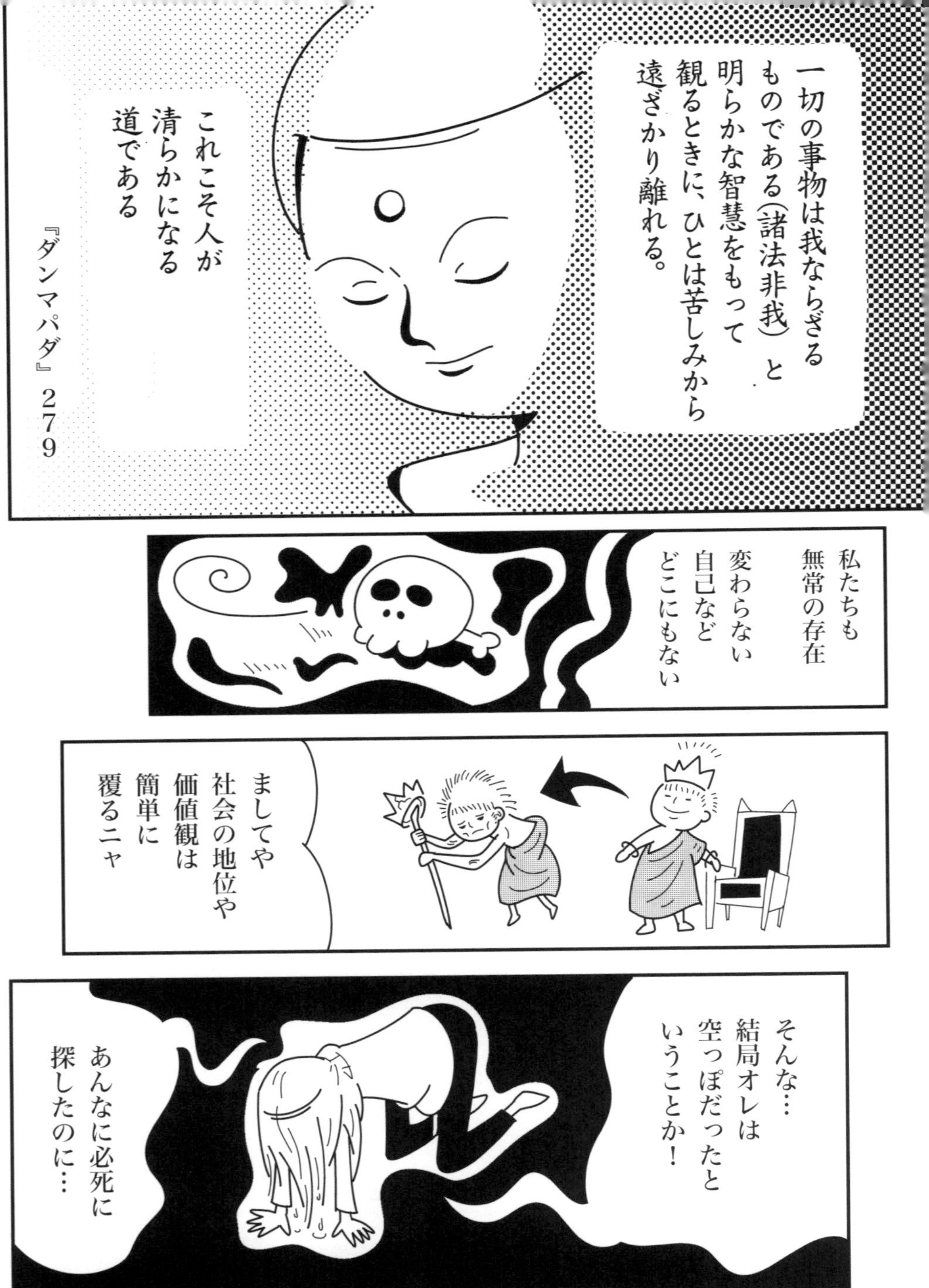
一切の事物は我ならざるものである（諸法非我）と明らかな智慧をもって観るときに、ひとは苦しみから遠ざかり離れる。
これこそ人が清らかになる道である
『ダンマパダ』279
私たちも無常の存在 変わらない自己などどこにもない
ましてや社会の地位や価値観は簡単に覆るニャ
そんな…結局オレは空っぽだったということか！
あんなに必死に探したのに…

空っぽなんかじゃ
ないわ！
十条君も
たくさんの縁を
もらっているはず
そのご縁こそが
あなた自身なのよ
君ははじめから
君以外の何者でも
ないんだニャ
そうか…
そうだったんだ
悪夢から
さめたようだ

数日後
あの青年 どうしたかニャ
わからないの 連絡先も 言わないで 出てっちゃって…
元気だったら いいんだけどな
ぐう〜
ンドカレー
スーパースパイス
OPEN
スパイスの香り！ お昼食べていこう

いらっしゃいませ
アッ
十条君！
スーパースパイス
どうしてここに？
インドにいたとき現地の食堂で料理を学んだことがあってさ
それでこのお店に弟子入りしたんだ自分探しの旅がこんな形で役に立つとはね
あははは
ははは
スーパースパイス
良かった〜
ぐぅ〜…
さて　何にする？うちのカレーは「個性的」だよ

解説

自分に対するこだわりは捨ててしまおう

私は学生時代、学校や先生から、ことあるごとに「個性」や「自分らしさ」を伸ばせと言われました。私だけではありません。他のクラスメートも同様です。

私は平成元年生まれですので、中学生の途中から、いわゆる「ゆとり教育」が導入された〝ゆとり第1世代〟です。文部省（当時）が画一的だったそれまでの教育方針を見直し、人それぞれの違いを尊重するため、個人の特性を伸ばしていこう、という考え方を打ち出したのです。

印象的だったのは、通知表の基準が変わったこと。

それまでは相対評価だったものが絶対評価になり、クラス内の比較で成績が決まるのではなく、自分がどれだけ真面目に勉強してテストで良い点を取ったかが評価の基準になったのです。ある意味、自分との戦いです。

◯「自分らしさ」を要求されるプレッシャー

「かけがえのない自分」という言葉も随所で聞かれるようになりました。

ＳＭＡＰの「世界に一つだけの花」が大ヒットしたのも、まさに時代を象徴していたと思います。

独自性を大事にするのは、もちろん悪いことではありません。ただ、一方で別の弊害も生まれました。

「自分らしくないといけない」「個性的でなければ価値がない」という、新しい価値観からのプレッシャーを感じるようになったのです。

また、周囲との競争がなくなった分、自分自身でモチベーションを確保する必要が出てきました。

さらに、同時にキャラクターの濃い等身大の若者たちが目立つようになりました。私は母親に「ハンカチ王子」こと※斎藤佑樹選手や、「天才卓球少女」として有名になった福原愛ちゃんと比較され、「あんな子がほしかった」と言われた苦い思い出があります。

際立った個性を持った同世代のスターたちや、部活や学業で輝いている友人たちと比べて、はるかに凡庸な自分自身に落胆したものです。

こうして書くと、「自分らしさ」がわからないという悩みはゆとり世代特有の問題だと思われそうですが、同じような悩みは、世代を問わず、どんな人にもあったのではないでしょうか。

※ **斎藤佑樹**…1988 年生まれ。プロ野球選手。早稲田実業高校在学中にエースとして甲子園に出場。ハンカチで汗を拭った仕草から「ハンカチ王子」の愛称がついた。

○インドで「本当の自分」は見つかるか？

実は、私自身、「自分らしさ」を上手に説明することができません。むしろ、声高に「自分らしさ」を主張されると、単にわがままを通そうとしているのではないか、と思ってしまうこともしばしば。

それでも、大学時代は「自分探し」に酔って、「個性的」なファッションをまねることで「自分らしさ」を無理やり演出していた時期もありました。

美術系の大学に通っていましたから、「人と違う」「変わっている」と思われることにあこがれがあったのです。

奇抜なふるまいをすることで、自分には唯一無二の特徴があると勘違いし、優越感に浸っていました。

今思えば、「個性的なキャラクター」を演じていただけで、私自身はまったく「個性的」ではなかったのです。

「インドに行けば人生が変わる」と言われ、「自分探し」のために私も行ってきました。

劇的な展開を期待していたのですが、印象に残っているのは激しい腹痛に悩まされたことだけ。結局、本当の「自分」

は見つかりませんでした。冷静に振り返ってみれば、「自分探し」という市場に踊らされていただけのようです。

そもそも、「自分らしさ」って一体何でしょうか？

自分の得意なことが「自分らしさ」でしょうか？

いや、それは単に能力の有無であって、個性とは別でしょう。「自分らしさ」は、もっと根本的なことを指しているような気がします。

では、他の人にはない、自分だけのスキルを指すのでしょうか？

確かに、唯一無二のスキルはその人の持つ特性の1つです。しかし、スキルが即ち「自分」かと言われると、何か違う感じがします。

では、ファッションでしょうか？

いや、ファッションはあくまでも表現手段ですから、ファッションがあなた自身というのも変な話です。

何だかどれも違うような気がしますね……。

諸行無常と諸法無我

「※祇園精舎の鐘の声　諸行無常の響きあり」

有名な「平家物語」の冒頭部分です。

祇園精舎の鐘の音に、絶えず変化していく世の儚《はかな》さを重ねたのでしょう。実は、これこそ私たちが自分自身のことを知る大切な視点になるのです。

この「諸行無常」を含め、ブッダの教えの柱となる4つの考え方があります。これが「四法印《しほういん》」です。

①諸行無常《しょぎょうむじょう》……すべてのものは常に変化している
②諸法無我《しょほうむが》……すべての存在に永遠不変の実体はない
③一切皆苦《いっさいかいく》……この世で生きることは苦である
④涅槃寂静《ねはんじゃくじょう》……悟りは心の静まった安らぎの境地である

ここでは「自分」を知る上で、とくに大切な「諸行無常」と「諸法無我」について解説しましょう。

「諸行」とはもろもろの「行」を指します。ここでの「行」とは、縁（原因と結果）によってつくられたすべてのもの、ということ。それが「無常」なのですから、「縁によってつくられているすべてのものは移り変わる」ということになります。

また、「諸法」とはもろもろの「法」という意味で、縁によってつくられたものと、それに当てはまらない永遠不滅のものの両方を指します。

※ **祇園精舎**…ブッダが実際に説法を行ったインドのコーサラ国にあった寺院。

ですから、「法」は「行」よりさらに広い範囲であり、その中に絶対的な「我」は存在しないのです。

これは、どういうことでしょうか？

○絶対に変わらない自分なんてない!?

つまり、どんなに頑張って探しても、絶対的な「自分」なるものは最初からなかった、ということです。ちょっとインドに行ったぐらいで見つかるわけがありませんね。

私たちは、「自分」をどうしても特別な存在だと信じています。

でも、私たちは、縁によってたまたまそうなった「偶然」の産物にすぎません。それなのに、絶対的な自分がいてほしいと願ってしまう。その執着心こそが、まさに「本当の自分」の正体だったのです。

私たちは「自分」に対して非常に高い意識を持っています。

誰にとっても「自分」は特別で、世界で一番の存在でしょう。

その意識があるために、人の心の中（無意識下）には、自分自身が唯一無二で絶対不変の存在だという思いが渦巻いて

いるのです。

ここにいる〝私〟とは？

すると、1つの疑問が生じます。

では、「自分」を感じているこの私自身は、一体何者なのでしょう？

誤解されがちなのですが、無我とは「絶対的で不変の自己」が存在しないと言っているだけで、私たち自身を否定しているわけではありません。

「私」は確かに存在していますが、これは認識作用によるものです。さまざまな要素の集合体が人の体を成したとき、意識が感覚器官から得た情報を捉え、「私」を感じているのです。

「私」とは、骨や血、肉、あるいは経験や知識などが縁によって結ばれた集合体だと言えるかもしれません。

私たちが認知している「自分」は、今、この瞬間も変化しています。そして、これからも縁によって変化し続けます。

「諸行無常」とは「私」も「無常」であるということですが、この事実を知っていれば、「本当の自分が見つからない」と悩む必要はないのです。

悩みの原因は自分に対する執着

私が僧侶として相談を受ける中で、日々感じることがあります。

それは、人の悩みのほとんどが、「自分」に対する思いの強さに原因がある、ということです。

思い通りにならないと悩む人の多くが、自分中心なのです。

「自分がわからない」というケースも同じ。

「わからない」とは、「わかりたい」という強い欲求の裏返しであり、やはり自分が中心になっています。自分自身に執着する心が現れているのです。

どんなに執着しても、私たちは無常の産物を本当の意味で我が物にすることはできません。一時的に保有できたとしても、それは永遠に自分の手の中に留まっているわけではない。壊れるか、朽ち果てるか、所有権が移るか……。

いずれにせよ私たちのもとを離れていきます。

同じように、無常の集まりである自分自身も、いつか自分のもとを去っていく（変わってしまう）存在なのです。

「一切の事物は我ならざるものである」（諸法非我）と明らかな智慧をもって観るときに、ひとは苦しみから遠ざかり離れる。これこそ人が清らかになる道である。

『ダンマパダ』279

川の水はとどまらない
諸行無常の川
すべてのものは
変わっていく

自分がどんな人間なのかと疑問に思ったら、その疑問を持っているのは「今」の自分です。でも、「今」の自分は明日には変わっているかもしれません。

「自分はダメな人間だ」

今、あなたにそんな確信があるのなら、なるほど、今のあなたはそうでしょう。しかし、明日のあなたはどうなっているかわかりませんよ。

これは意識の問題だけではありません。

私たちの体は、3カ月経てば細胞単位ですべて入れ替わるという説もあります。私たちの体と心は、人生の中で何度でも生まれ変わるのです。

まとめ

仏教には「自然」という言葉があります。

ネイチャーの「自然」ではありません。これは「じねん」と読みます。「自」とは「おのずから」、「然」とは「そうさせる」。

つまり、「あるがままの状態」という意味です。

ここで私なりの言葉を少し補完させていただくと、「縁によって自然と私たちの生き方が決まってくる」ということです。

よく世間では「自分らしく、ありのままに生きる」という言葉を耳にしますが、これは違います。

自分に執着して、執着のまま生きれば「自分らしくわがままに生きる」ことになります。そうならないように、自分自身からも自由になって、「自然」にいきましょう。

「こんなの、本当の私じゃない！」といったこだわりは、いったん脇に置きましょう。

そうなるべく縁が訪れているのであれば、あなたはその瞬間、新しい自分に変わっているのですから。

自分自身に白黒つける必要なんてありません。あやふやなままでいいのですよ。その方がずっと身が軽くなります。


最後に少しだけ、付け足しをさせてください。

あらかじめ断っておきますと、これは私が仏教とマンガの二足の草鞋《わらじ》を履く中で感じたことです。

私たち自身も「諸行無常」で変化している——。

そう言われても、漠然と生活しているだけでは変化に気付

きづらいかもしれません。

そんなときは、「ものづくり」をすることをオススメします。

絵でも文章でもアクセサリーでも、やりやすいものでいいでしょう。

まわりの評価を気にする必要はありません。

クオリティーを追求する必要もありません。

純粋に創作を楽しんでみてください。

大切なのは、作品の中に〝今の自分〟を正直に出すことです。

一生懸命つくったものを後々振り返ると、自分の考え方が異なっていることが一目でわかります。

私自身、過去の作品を見返すと、今の価値観とあまりに違っていることに驚かされます。「人」が変わった証拠が形として残っているのです。

自分自身と向き合い、構想を練りながら創作していく一連の流れは、修行に通じるように感じます。

一流のアーティストや職人が無我の境地に達していくのは、「ものづくり」によって修行のプロセスを歩んでいるからかもしれませんね。

第6章 死ぬのが怖い（生老病死）

21
どうしたニャ
そろそろおじいちゃんの三回忌だと思って
猫師…
私 おじいちゃんが亡くなる前にあまり話せなかったの
死んだ後はどうなるの？
第6話

どうしても
卒論の準備で
忙しくて
なかなか病院に
行けなかったのよ
まさか急に悪くなるなんて
プァー……
止まって！
おじいちゃん
私が行くまで
待ってて！
…人には必ず
命を終える
ときがくるニャ
違うの！
私　もっと
おじいちゃんと
話せば良かった
きっと
心細かったと
思うんだ
それなのに…
…
ポタ
…
ポタ

あのとき
おじいちゃんは何を
考えていたんだろう
ねぇ　猫師
人は死ぬと
どうなるのかな
わからないのは
不安だし
やっぱり怖いわ
そうか…
そんなに
知りたければ
自分で試して
みたらどうニャ
スッ
巻物？
ブワッ……

ここは?
「最期の巻物」の中だニャ
ペタ ペタ
ここでは「死」を臨場感を持って体験できる
お釈迦《しゃか》さま!

ブッダは死についてどう語っていたと思う？
私だって知ってるわ輪廻転生ね
人は死んでも別の人に生まれ変わるんでしょ？
輪廻は仏教の代表的な考え方だニャ
ブッダが生きた当時のインド社会では一般的な考え方だったと言われている

1人の人間が
そのまま同じ人間
として再生する
わけじゃない
それに…
再び人に生まれ
変わるわけでもない
来世は牛かもしれないし
カタツムリかも
しれないニャ
カタツムリ!?
生きるというのは
即ち苦である
それは車輪が回転する
ように繰り返される
しかし
何度生まれ変わっても
苦しみから抜け出すことは
できないんだニャ
その苦しみから
抜け出すことが
解脱《げだつ》なん
でしょ？
煩悩の炎が
吹き消された
静寂の状態
それが解脱ニャ

私　子どものとき
おじいちゃんに
聞いたの
おじいちゃん
どうしてお墓を
つくるの？
吉田家之墓
之墓
何でだろうね
死んだ後に
寂しくない
ようにかな
おじいちゃんも
死ぬの？
伊藤家之墓
死ぬよ
唯も
おじいちゃんも
みんな必ず死ぬんだ
みんな
いなくなっちゃう
のはイヤだな
「独《どく》生《しょう》独《どく》死《し》独《どっ》去《こ》独《どく》来《らい》」
死ぬときは誰とも
一緒に行けないし
何も持っていけない
みんな
独りぼっちで
死んでいくんだよ

※『死ぬ瞬間　死とその過程について』エリザベス・キューブラー・ロス 著、鈴木晶 訳（中公文庫）より

やがて死を受け入れて
人生の最期を見つめる
おじいちゃんは何かに気付いたようにきっと死を受け入れたのよね
でも…
それでも私は
ぐっ…
やっぱり死が怖いわ
お葬式でご遺族がすすり泣く声が聞こえる中で
法蓮院釋顕明
笑顔のご遺影に向き合うと

死に対する私自身の無力さ
悲しみの圧倒的質量にいつもおぼれかけているの
情けないよねお坊さんなのに
ポロ…
自分が死ぬのも死と対面するのも怖いのよ
!!
あれ…猫師?

猫師…どこにいるの?ねぇ!
1人にしないでよ
死ぬのが怖いか?
え?誰なの?
死ぬのが怖いかと聞いている
それは怖いです
なぜ怖いのだ?

だって
苦しそう
じゃない
ふむ…
確かに死は苦しかろうでも
なぜそう思う?
なぜって
それは…
過去に死を
経験したのか?
それとも
死を体験した者から
死について聞いたからか?
いいえ
死んだこともないし
死んだ人と話した
こともないから
わからないわ

ならば死を怖がることはないのではないか？
今この瞬間も老いは進行し病の恐怖に怯えている生きていることこそ苦ではないのか？
だけど死んでしまったら
楽しいことも苦しいことも感じられない
その瞬間にすべてが終わって「無」になってしまう気がするの
そうなったら私は…

シーン……
沈黙…それが答え？
我々は死に打ち勝つ術を知らない
死を事実として受け止め今を生きるそれしかないのだ
死を受け止めて
孤独に生きろと言うの？
孤独ではない善き人とブッダの言葉があるそれが唯一無二の支えとなる

いかなる生物《いきもの》生類《しょうるい》であっても
怯《おび》えているものでも
強剛なものでも悉《ことごと》く長いものでも
大きなものでも中くらいのものでも
短いものでも微細なものでも
粗大なものでも

目に見えるものでも見えないものでも
遠くに住むものでも近くに住むものでも
すでに生まれたものでも
これから生まれようと欲するものでも
一切の生きとし生けるものは幸せであれ
『スッタニパータ』146、147

何だろう…とても温かい言葉
そうか時代を超えても言葉を通してブッダと出会える…
仏教の厳しい言葉や修行の根本にあるのは
命あるものの豊かな生だ
だから困難なときでも
自分の生に対して本気になれるのね

あれ!? 私　どうしたのかしら?
ん!?
涅槃《ねはん》図に猫なんていたかしら?
ブルル……

はい
護経寺です！
え!? 枕経？
すぐに
うかがいます
さあ、修行僧たちよ
お前たちに告げよう
もろもろの事象は
過ぎ去るものである
スーパー
スパイス

行ってきまーす!
怠ることなく
修行を完成させなさい
『マハーパリニッバーナ・スッタンタ』
完

解説

避けられない「死」に向かって生きる

若い人も壮年の人も、愚者も賢者も、すべて死に屈服してしまう。すべての者は必ず死に至る。

『スッタニパータ』578

私たち人間の死亡率は100パーセントです。どんなに長く生きられたとしても、せいぜい100年前後で死に至ります。将来、この100年が200年に延びることがあっても、私たちの死亡率が100パーセントから下がることはありません。どんな偉大な人物でも、「死」を避けることはできないのです。

もちろん、ブッダも例外ではありませんでした。

ブッダは熱心な信者である鍛冶屋のチュンダから食事に招かれました。そこで出された「スーカラ・マッダヴァ」とい

う食べ物で食中毒を引き起こし、亡くなったのです。

この「スーカラ・マッダヴァ」が何であったかについては諸説ありますが、豚肉か毒キノコというのが有力です。ブッダは腹痛に苦しみ、糞尿にまみれて死んでいったのです。

私はこの話を大学の講義で教わりました。そのとき先生は、この最期は非常に仏教らしい最期であると語っておられました。その意味が少しわかる気がします。

ブッダは生前、命は必ず終わるものだと繰り返し述べていました。そう説いていたブッダ自身に訪れた、このあまりに呆気ない終わり方は、死の「リアル」を等身大で私たちに伝えているのです。

○心の底にはりつく「死」の恐怖

私たちが生活する現代社会は、日常から「死」を遠ざけ、固くフタをして見えないようにしています。居住者が変死した部屋を「事故物件」として訳あり扱いにしたり、「友引」にお葬式を行わなかったりと、私たちは明らかに「死」を強く意識しています。

しかし、「人は必ず死ぬ」という事実は、フレーズとして広まってはいるものの、実感としてはほとんど機能していません。

私たちは、日常生活を問題なく過ごすために、極力「死」のことを忘れようとしています。「いつ、どこで、誰が死んでも不思議じゃない」という事実を常に意識していたら、恐怖のあまり生活が成り立たなくなるでしょう。私たちは「死」を都合良く忘れることで、何とか生活できているのです。

しかし、「死」の恐怖はどんな人でも必ず心の根底に潜んでいます。地震などの天災やウイルスの蔓延《まんえん》など、危機的な状況で命が脅かされると、普段は冷静な人でも、それまで抑圧されていた恐怖が爆発して不安にかられるのです。

実際は、死に直面するリスクは常にあるのに……。

だから、私たちは、「ずっと健康でいたい」「若いままでいたい」と、「死」からなるべく遠ざかることを幸せだと考えるのです。

しかし、繰り返しますが、私たちは「生老病死」を避けることは絶対にできないのです。

○大切なものを失ってしまう恐怖

そもそも私たちは、なぜ、死を嫌うのでしょうか？

マンガで唯が答えていたように、私たちは（おそらく）死んだ経験はありませんし、死んだ人から「死後」の話を聞くこともできません。だから、「死」に対する明確なイメージはないはずです。それでもやはり、「死」は私たちにとってあまりにも大きな問題です。

「死」を嫌う具体的な理由として真っ先に思いつくのは、「別

れ」でしょう。「愛別離苦」として四苦八苦にも入っていますから、大切な人との別れが耐えがたい苦痛であることは間違いありません。

もちろん、「生き別れ」も同じように悲しみを伴いますが、「二度と会うことができない」という事実が死別のつらさを増加させるのでしょう。それを裏付けるように、お経でもブッダの「死」に際して、多くの人々が悲しむ姿が明確に記録されています。

「喪失」もあるでしょう。

お金や名誉を持ったまま死ぬことはできません。

この世のものは、この世に残したまま逝くことになります。

自分が人生をかけて築いてきたすべてを手放さなければならない。いや、手放すどころか、自分亡き後は他の人に横取りされてしまうかもしれないのです。

○なぜ私たちは「死」を嫌うのか

あるいは「死後の世界」に対する恐怖もあるかもしれません。私たちは、絵画や物語などで恐ろしい地獄の描写を見聞きしていますから、地獄に堕ちることは、文字通り「死ぬよりも怖い」ことです。

よく「死後の世界なんてつくり話だよ」と言う人もいます。

でも、問題なのは、実在するかどうかではなく、「死」について確かなことが何もわからないということではないでしょうか。それが恐怖に結びついているのです。

他にも、残された家族のことを思うとやり切れない気持ちが押し寄せてくることも、死が忌避される理由だと思います。

これらを整理すると、私たちが死を嫌うのは、自分と世の中との関係性が消滅してしまうからだとわかります。生きている者は「縁」によって互いに関係しあって存在しています。ところが「死」を迎えると、生前の「縁」が途切れてしまう気がする。

単体では存在できない自分自身が消滅し、自我がなくなってしまうことに底知れぬ恐怖を感じるのです。

いくら財産を貯えても、最後には尽きてなくなってしまう。高い地位身分も終には落ちてしまう。結びついたものは終には離れてしまう。生命は終には死に至る。

『ウダーナヴァルガ』第1章22

死もまた、独立して存在しているものではありません。私たちは「縁」によって生き、「縁」によって「死」に至るのです。けれども、私たちは素直に自分が死ぬことを認めることができません。理屈ではわかっていても、どこかで「自分は死なないんじゃないか?」という幻想を抱いています。そして、

いざ命の危機に瀕するまでその幻想を振り払うことができないのです。

独《どく》生《しょう》独《どく》死《し》独《どっ》去《こ》独《どく》来《らい》

これは『仏説《ぶっせつ》無量寿経《むりょうじゅきょう》』というお経に出てくる一文です。読んで字のごとく、私たちの人生は誰かが引き受けてくれるものではありません。縁によって生じた私の生死を引き受けるのは、他でもない私自身なのです。

欲望から自由になる涅槃の境地

さて、これまでにも「輪廻」や「涅槃」のことについて触れてきましたが、ここでも改めて取り上げたいと思います。

「輪廻」思想では、生命は生死を繰り返すということでした。生前の行動が「縁」となって、生命はまた生まれ変わる。「死」を迎えても命の営みは途切れることがないため、この循環は永遠に繰り返されていく……。

ただし、「輪廻」を繰り返したとしても、「私」は「私」の

うわ〜
また苦しみばかりの
世界に生まれて
しまった
どうしたの？
そんなに泣いて…

自我を保ったまま生死を繰り返すわけではありません。ですから、あくまでもエネルギーの循環をイメージする方が正しいと思います。

この循環サイクルを脱するのが「涅槃」の境地です。「涅槃」に達した人には心の煩《わずら》いがありません。心の煩いがなければ、「苦の世界に再び生まれる」原因をつくることもありません。つまり、苦悩から離れることができるのです。

さとりの究極に達し、恐れること無く、無欲で、わずらいの無い人は、生存の矢を断ち切った。これが最後の身体である。

『ダンマパダ』３５１

ただし、涅槃とは天国のようなものとは違います。欲望が起きない状態なのですから、欲望が満たされるか否かの価値観では理解できない境地なのでしょう。

仮に私たちが今の価値観で涅槃をのぞくことができたとしたら（絶対にあり得ないことでしょうが）、ひどくつまらないものだと感じるかもしれません。

○ブッダが答えなかった問い

では、「涅槃」に入るにせよ「輪廻」を繰り返すにせよ、肉体が滅んだとき、私たちの意識はどこに行くのでしょうか？

ある人は「霊魂が存在していて、霊魂がまた別の肉体に宿るのだ」と言いますし、またある人は「霊魂なんて存在しないから、消滅するだけだ」と主張します。どちらの意見も明確な根拠に乏しいため、正否を判断することはできません。

ブッダもそういった「答えのない質問」を異教徒から投げかけられたことがあったようです。

①世界は時間的に永遠か、それとも永遠ではないのか
②世界は空間的に有限か、それとも無限なのか
③霊魂と体は同一か、それとも別なのか
④如来※は死後に存在するのかしないのか、それとも、どちらでもないのか

ブッダはこれらの問いに対して、無益であるとして回答せず、代わりに苦をなくす方法を説くことが常でした。

それでも、この質問の答えが気になって修行が手につかない者には「毒矢のたとえ」で納得させました。

これは、毒矢に当たった人が「この毒矢を射た人が僧侶なのか、商人なのか、はたまた王族なのかわからなければ、治療を受けない」などと言っていたら、答えがわかる前に毒がまわって死んでしまうだろう、

※ **如来**…修行を完成させた者。悟りを得て解脱した者

というたとえ話です。

答えのない問いにこだわり続けていたら、苦を滅して悟りを得るより先に私たちの寿命が尽きてしまう、ということです（ちなみに、ブッダが答えなかったこれらの問いを「無記」と呼びます）。

ブッダが霊魂の有無や死後の世界について、知っていてあえて答えなかったのか、それとも知らなかったのかはわかりません。

この世は不可思議なものです。私たちはすべてを知ることは到底できません。及ばぬこともある、ということです。それに、たとえ答えがわかったとしても、私たちは「死」の苦しみから逃れることはできません。それとこれとはまったくの別の問題なのです。それよりも、自分自身の心を抑制して、避けられない苦しみに対応する術を学び、生きることの方が理にかなっています。

○ブッダが愛弟子に遺した言葉

仏教は不老不死のための薬にはなりません。やはり避けられない「死」は恐ろしく、愛する人との別れは耐えがたいものです。

私たちはいずれは死にゆく存在であっても、「死」を迎えるまでは苦しみとともに生きなければなりません。そして、世の中をコントロールできない以上、さまざまなリスクを抱えながら生きていかなければならない。「死」について深く考えると、結局はここに帰ってくるのです。

ブッダが息を引き取ろうとしているそのとき、すぐ近くに、身のまわりの世話をしていた弟子のアーナンダがいました。

アーナンダは弟子たちの中で、最もブッダの教えを聞いており、「多聞第一《たもんだいいち》」と称されていました。

しかし、なかなか修行の完成には至らず、ブッダが亡くなるときも修行中の身でした。そのため、師の最期を前にして、心が激しく波打ち、嘆き悲しんだのです。

ブッダの最期を見届けた弟子が、修行中のアーナンダであったことは、非常に意味のあることです。アーナンダの嘆きは、ブッダの死後、直接ブッダに会うことができない私たちの思いを代弁しているのです。

ブッダは、次のように言いました。

「アーナンダよ。あるいは後にお前たちはこのように思うかもしれない、『教えを説かれた師はましまさぬ、もはやわれらの師はおられないのだ』と。しかしそのように見なしてはならない。お前たちのためにわたしが説いた教えとわたしの制した戒律とが、わたしの死後にお前たちの師となるのである」

『マハーパリニッバーナ・スッタンタ』

もちろん、この言葉はアーナンダだけでなく、私たちにも向けられています。ブッダは自分亡き後のメッセージを残すために、あえて修行中の身であったアーナンダに世話をさせていたのかもしれません。

○「死」は本当に終わりなのか？

この本を執筆している最中に、私自身も大切な人との大きな「縁」がありました。

第1子の「誕生」と祖母の「死」です。

祖母は新潟におりましたが、諸々の事情のため京都から会いに行くことができず、最後に祖母の声を聞いたのは電話でした。

先が長くないことは知っていましたが、電話口の声は思ったよりも元気そうで、じきに生まれてくるひ孫の顔を見てもらえると楽しみしていました。しかし、残念ながら、それは叶わなかったのです。

祖母はあっという間に……本当にあっという間に旅立ってしまいました。そしてくしくも祖母の葬儀が終わったまさにその夜、妻が破水し、翌朝第1子が誕生したのです。

偶然にしてはあまりにもできすぎていますが、私は命の循環をひしひしと感じました。

祖母は昔、話してくれました。

「空襲から逃げるとき、私は鈍くさかったから、誰かが私の下駄を履いて先に逃げちゃったの」と。

祖母は戦争経験者です。祖母が必死に生きてくれたからこそ、この小さな命も無事に誕生したのです。

私たちの肉体は滅びゆくものです。しかし、人が紡《つむ》いだ縁は脈々と続いていき、あらゆるところに結びついている。

ブッダの言葉がまさにそうです。

ブッダはすでに涅槃に入り、私たちは生身のブッダの説法を聞くことはできません。しかし、ブッダの紡いだ縁は「仏教」として、今まさに私たちに影響を与え続けています。

この世界は死者も生者もすべてが縁で結びついています。これまで存在していた命が1つでも欠けていたら、世界はまったく別の結果になっていたことでしょう。

そして、これから先の未来は、私たちの行動1つひとつに託されていくのです。

まとめ

人は、いつか訪れる「死」の瞬間まで生き続けなければいけません。

しかし今、この世界では、欲望が渦巻き誰もが不安にさいなまれています。

私たちは日々の生活を送るのに精一杯で、生きる意味を見つけることすら難しくなっています。いや、生きる意味を考える余裕すらないのかもしれません。

生きることは、つらく、苦しく、ままならいもの。

これは人が人である限り、変えることはできません。

けれども、つらいのはあなたが目の前の現実と向き合い、懸命に生きている証拠でしょう。

だからこそ、つらい現実と共存する道を探り、現実を受け止められる心を少しずつ磨いていくことです。

その経験は、あなたの力強い一歩となり、あなたを遠くまで連れていってくれるのです。

おわりに

最後までおつきあいいただき、ありがとうございました。

唯と猫師のお話は、ひとまずこれにて完結です。これから先、唯はもっと多くの悩みに耳を傾け、立派なお坊さんとして成長してくれることでしょう。

この本を執筆するにあたり、私も改めてブッダの言葉を読み直してみました。

すると、言葉の1つひとつから、目の前の苦しんでいる人たちに本気で向き合っている空気がひしひしと伝わってきました。それはまるで、ブッダが執筆に苦しむ私に、生の言葉でお説法をしてくれているかのような体験でした。原稿に向かうことが、あたかも修行であるかのような、苦しくも楽しいひとときだったように思います。

今、私たちが生きている社会は、物質的な欲求が飽和状態を迎え、「心の時代」になったと言われています。内面が重視される時代にあって、仏教に対する興味や関心は、これからますます高まっていく……ことを願っていますが、これればかりはわかりませんね。ひょっとしたら、あっという間に廃《すた》れていくかもしれません。しかし、仏教はその姿がどんなに変わっても、私たちが問い続けることを忘れない限り応えてくれるでしょう。

本編においても述べましたが、仏教の厳しい修行や難しい学問は、私たち1人ひとりの命を尊び、生きる歓びを願ってのもの。切れ味抜群なブッダの言葉は、私たちへのエールなのです。みなさんに、本書を通じてブッダの息吹が届いてほしいと切に願います。

ブッダの優れた言葉は、ご紹介したもの以外にも、まだまだたくさんあります。

最後の最後まで読んでくださって、さらに仏教に関心を持っていただけたのなら、これはもう「お坊さんマンガ家」冥利に尽きるというものです。是非、一緒に勉強していきましょう。

最後になりましたが、本書の刊行にあたり、本当に多くの方々にご尽力いただきました。

私1人の力では、到底ここまでたどり着くことはできませんでした。

直接お力添えをいただいた編集チームの方々はもちろん、鉛筆の削り方から教えてくれたマンガの恩師、仏教についてご教授いただいた先生、仏教をともに学ぶ仲間たち、励まし合いながらものづくりにいそしむ友人、迷惑ばかりかけてしまっている家族、そして、この本を手にとっていただいたみなさん、縁あるすべての方々に、心より御礼申し上げます。

参考文献

『現在(いま)を生きる仏教入門』　古田和弘　(東本願寺出版)
『はじめての仏教学　―ゴータマが仏陀になった』　宮下晴輝　(東本願寺出版)
『ブッダ　真理のことば(NHK「100分de名著」ブックス)』　佐々木閑　(NHK出版)
『ブッダ　最期のことば(NHK「100分de名著」ブックス)』　佐々木閑　(NHK出版)
『広説　佛教語大辞典　縮刷版』　中村元　(東京書籍)
『「死ぬのが怖い」とはどういうことか』　前野隆司　(講談社)
『図説 地図とあらすじで読むブッダの教え』　高瀬広居[監修](青春出版社)

本文デザイン　bookwall
本文DTP　讃岐美重
作画協力　涼原ミハル

光澤裕顕（みつざわ・ひろあき）

法名 釋裕顕（しゃく・ゆうけん）
真宗大谷派僧侶（浄土真宗）
中谷山覺法寺衆徒
「フリースタイルな僧侶たち」メンバー
1989年新潟県長岡市生まれ。京都精華大学マンガ学部マンガ学科卒業後、大谷大学短期大学部で仏教を学ぶ。卒業後福岡県の真宗大谷派中谷山覺法寺に入寺。現在は、僧侶としての職の傍ら、マンガ家・イラストレーターとしても作品を発表し続けている。また、テレビ、ラジオ、インターネットなど各メディアで法話を説くなど、精力的に活動中。

生きるのがつらいときに読む
ブッダの言葉

2021年2月22日　初版第1刷発行
2021年4月 9日　　　第2刷発行

著　者　光澤裕顕

発行者　小川　淳
発行所　SBクリエイティブ株式会社
〒106-0032 東京都港区六本木2-4-5
電話：03-5549-1201（営業部）

装　丁　bookwall
印刷・製本　株式会社シナノパブリッシングプレス

ISBN 978-4-8156-0753-1

本書をお読みになったご意見・ご感想を、
下記URL、右記QRコードよりお寄せください。
https://isbn2.sbcr.jp/07531/